오르고 거닐며 느리게 보는

절집의 미학

김봉규 글·사진

오르고 거닐며 느리게 보는

절집의 미학

담앤북스

서문

2018년 6월 한국의 전통 산사 일곱 곳의 세계문화유산 등재가 확정됐다. '산사, 한국의 산지승원'이라는 명칭으로 등재된 일곱 개 사찰은 영주 부석사, 안동 봉정사, 양산 통도사, 보은 법주사, 공주 마곡사, 순천 선암사, 해남 대흥사이다. 세계문화유산위원회는 이들 일곱 개의 사찰은 한국 불교의 깊은 역사를 담고 있고, 산지라는 지형적 요인에서 비롯된 한국식 배치로 내·외부 공간이 주변 경관과 조화를 이루는 점, 한국 불교만이 갖는 통불교적 사상과 의식이 있는 점, 산사에서의 승려 생활과 산사 문화 등을 종합적으로 보여 주는 점 등이 세계유산 등재 조건인 '탁월한 보편적 가치'에 해당한다고 평가했다.

우리나라 불교는 오랜 역사를 지니고 있다. 기원전 6세기경 인도에서 석가모니에 의해 시작된 불교가 한반도에 전해진 시기는 삼국시대. 고구려는 소수림왕 때인 372년에, 백제는 침류

왕 때인 384년에 불교가 전래되었다. 신라는 눌지왕 때 고구려를 통해 불교를 받아들였다.

우리나라 전통 산사는 이처럼 오랜 세월을 통해 독자적 불교문화를 일구며 소중한 전통을 면면히 이어 온 공간이다. 중국을 거쳐 들어온 불교의 수행 전통과 우리나라 고유의 민족문화가 어우러지면서 다른 곳에서는 찾아볼 수 없는 독특한 수행 공동체 문화와 불교미술을 발전시켜 왔다. 이런 산사는 급속한 발전을 거듭해 온 현대 물질문명과 거센 서구 문명의 물결 속에서도 유·무형의 소중한 전통 가치와 아름다움을 잘 지켜 왔다.

산사에 담긴, 현대인의 삶에 필요한 가치관과 유·무형의 아름다움을 한번 다뤄 보겠다는 생각을 오래전부터 가지고 있었으나, 자신이 안 생겨 계속 미뤄 오다가 2019년 4월 용기를 내《영남일보》에 〈산사미학〉 연재를 시작했다.

일반 독자를 대상으로 하는 만큼, 불교 신자가 아니더라도 누구나 관심을 가지고 공감할 만한 소재를 중심으로 이야기를 풀어 가려고 했다. 옛날 스님들이 즐겨 심어 도반으로 삼았던 산사의 대표적인 고목 매화나무와 배롱나무를 찾아보고, 동백 숲과 꽃무릇, 숲길 이야기도 다뤘다. 산사 새벽 예불에 참석해 장엄한 아름다움을 느껴 보고, 설악산 봉정암에도 올라 봤다. 불교미술의 정수가 담긴 법당의 닫집과 꽃살문, 수미단, 부도, 인왕상 등 소중한 문화재는 물론 해우소와 누각, 편액 이야기도 있다. 우리 건축의 자연미를 잘 보여 주는 덤벙주초 건물을 일본 사찰 건물과 비교해 보기도 했다. 그리고 산사의 입구나 전각 등에 걸려 있는 글귀 '조고각하照顧脚下', '막존지해莫存知解'의 의미도 살펴보고, 일본 사찰을 답사해 우리 산사와 비교되는 정원 문화의 차이를 느껴 보기도 했다.

물질 만능주의와 극단주의, 인간중심의 이기와 탐욕이 갈수록 만연하는 시대다. 연재 기사를 토대로 엮은 이 책을 통해 각박한 삶 속에 가치관의 혼란을 겪고 있는 현대인들이 이 시대에 필요하고도 소중한 우리의 '미학'에 공명하며, 맑은 마음과 여유를 회복하는 데 도움이 되기를 기대한다.

2021년 4월

명강鳴岡 김봉규

차례

참고 자료

- 김봉렬, 《김봉렬의 한국건축 이야기(전 3권)》, 돌베개, 2006
- 자현 스님, 《사찰의 상징세계(전 2권)》, 불광출판사, 2012
- 유홍준, 《나의 문화유산답사기 일본편 3 교토의 역사》, 창비, 2014

제1장

산사를 오르며 느끼다

산사에 가면

우리나라는 어디 가나 경치가 아름다워 예로부터 금수강산
이라 부르거니 이 강산에 태어난 자부심을 어디에 비기랴.

문학가, 법률가 등으로 활동한 현민玄民 유진오1906~1987의 수
필집《구름 위의 만상》에 나오는 글귀다.

이처럼 우리나라의 산수자연을 산자수명山紫水明한 금수강
산錦繡江山으로 표현한 글이 많으며, 예로부터 다른 나라 사람들
의 부러움을 사기도 했다. 산빛이 곱고 물이 맑아 산자수명하고,
이런 산수가 어디를 가나 펼쳐져 있으니 비단처럼 아름다운 금
수강산이라 한 것이다.

아름다운

한국의 자연 　국토의 70%가 산이고, 사계절 뚜렷하며,

어디를 가나 맑은 물이 흐르는 우리나라

강산을 표현한 이런 말을 이웃 국가인 중국 곳곳을 여러 차례

여행하면서 새삼 실감하곤 했다. 중국은 가을철에도 산자수명

한 풍경을 만나기가 어려웠다.

수년 전 허베이성 스좌장石家庄에 갔을 때 통역을 하던 중국

인 학생이 빨리 돈을 많이 벌어 공기가 맑은 해안 도시로 부모

님과 함께 이사 가는 것이 꿈이라고 말하는 것을 들은 적이 있

다. 중국의 대표적 명산인 황산과 화산을 올랐을 때도 그 산세

의 수려함과 거창함에 압도를 당하면서도 대기가 맑지 않아 좀

아쉬움을 느꼈다.

우리나라도 한때 금수강산 곳곳이 크게 오염되고 훼손되었

다. 지금은 많이 좋아졌지만 아직 미흡한 점이 적지 않다. 미세

먼지도 큰 문제다.

어떻든 우리나라는 어디에 살든 조금만 가면 멋진 산수를

만끽할 수 있으니 복된 일이 아닐 수 없다.

우리나라 전통 사찰은 대부분 이런 금수강산의 산자락에 자

리하고 있다. 그리고 이런 산사는 오랜 세월 동안 승려와 불교

신자들의 의식과 문화가 녹아들면서, 우리만의 특별한 정서와

미의식이 담겨 있는 소중한 공간으로 자리 잡게 되었다. 그 덕

분에 대표적 산사 일곱 곳이 유네스코 세계유산에 등재되어 지

구촌 모든 사람이 관심을 가지고 지켜 가야 할 유산이 되었다.

이런 우리나라 사찰이 처음부터 산속에 건립되었던 것은 아니다. 고대에는 도심이나 도성에 가까운 평지에 자리하는 평지가람형平地伽藍型이 일반적이었다. 경주의 가장 번화했던 곳에 자리 잡았던 신라의 황룡사터는 그 대표적 예다. 그러다가 신라 말기 이후에는 선종의 발달, 초세속주의, 풍수지리, 억불숭유 등의 영향으로 점차 심산유곡의 산지에 자리 잡는 산지가람형山地伽藍型으로 변해 갔다.

산사의 일반적
가람 배치

작은 암자가 아닌 일정 규모 이상의 산사는 그 위치나 역사, 성격 등에 따라 가람 배치가 다양하지만 대체로 비슷한 구성을 하고 있다.

방문자는 먼저 개울을 건너는 다리를 만나게 된다.

승주 선암사에 가면 계곡을 건너는 다리인 승선교가 반긴다. 멋진 무지개다리인데, 보물 제400호로 지정돼 있다. 해남 대흥사에는 일주문으로 가기 전에 피안교가 있다. 순천 송광사에서는 극락교를 먼저 만나고, 조금 올라가 일주문을 지나면 능허교가 나온다. 이 다리를 건너 사천왕문을 지나고 종고루를 통과하면 대웅보전을 마주하게 된다. 여수 흥국사 입구에는 홍교虹橋가 있고, 이 다리를 지나면 일주문이 나온다. 이 다리도 보물 제563호이다.

이런 다리는 보통 무지개 모양 다리인 홍예교이다. 이 다리는 차안此岸에서 피안彼岸으로, 속계俗界에서 성역聖域으로 진입하는 경계이다. 극락, 피안 등 이름이 의미하는 것처럼 이 다리를 지나며 손발의 먼지나 흙을 씻듯이 마음도 씻어 속세의 번뇌와 욕망을 털어 낼 것을 주문하는 의미를 담고 있다.

불교적 세계관에서 이 다리는 그냥 다리가 아니다. 수미산 중심의 세계관에서 볼 때, 사람들이 사는 남섬부주에서 수미산으로 가려면 여덟 개의 바다를 건너야 한다. 개울을 건너는 다리는 바로 이 바다를 건너는 다리이고, 세상사 고통의 바다인 고해苦海를 건너는 다리인 것이다.

이런 무지개다리는 그 모양도 아름답지만, 다리 아래에 눈길을 주면 흥미로운 조각을 발견할 수도 있다. 다리 밑 천장에 용머리가 달려 있는 경우가 있기 때문이다. 선암사 승선교와 흥국사 홍교 등에서 그 용두龍頭를 확인할 수 있다. 물을 통해 오는 사악한 무리나 기운을 제압하는 역할을 하는 호법신장이다.

처음 만나는 다리를 지나면 일주문이 나온다. 여기서부터 사찰의 성역이 본격적으로 시작된다. 일주문을 지나면 길옆 한쪽에 승려의 유골을 봉안한 부도가 모여 있는 부도밭이 보이기도 하고, 조금 더 가면 천왕문이 나온다. 사천왕이 지키고 있는 천왕문을 지나면 해탈문 또는 불이문이 나오고, 이어 보제루, 보화루, 만세루 등의 누각이 나타난다. 이 누각 밑을 지나면 탑

산사를 찾으면 가장 먼저 개울을 건너는 무지개다리를 만나게 된다.
승주 선암사 승선교(위)와 여수 흥국사 홍교(아래). 둘 다 보물로 지정돼 있다.

이 있는 마당과 대웅전이 나타난다. 마당 좌우에는 강당이나 승방이 있다. 그리고 지장전, 명부전 등 여러 가지 법당을 비롯해 범종루, 산신각, 연못 등이 곳곳에 자리하고 있다.

가람 배치는
수미산 우주론에 입각

이 같은 사찰 건물의 배치 원리는 불교의 수미산 우주론에서 비롯된다.

수미산은 불교의 우주관에서 나온, 세계의 중심에 있는 상상의 산이다. 수미산을 중심으로 주위에는 승신주勝身洲 · 우화주牛貨洲 · 섬부주贍部洲 · 구로주俱盧洲의 4대 주가 동서남북에 있고, 그것을 둘러싼 구산九山과 팔해八海가 있다. 이 수미산의 하계下界에는 지옥이 있고, 수미산의 가장 낮은 곳에는 인간계가 있다. 또 수미산 중턱의 사방으로 동방에는 지국천持國天, 남쪽에는 증장천增長天, 서쪽에는 광목천廣目天, 북쪽에는 다문천多聞天이 있다. 사왕천四王天이다.

수미산의 정상은 정입방체로 되어 있는데, 그 중심에 선견천善見天이 있고 주위의 사방에는 32개의 궁전이 있다. 그래서 삼십삼천三十三天이라고 한다. 이 수미산 위의 공중에는 욕계欲界육천六天 가운데 네 개의 하늘과 색계천色界天 · 무색계천無色界天들이 차례대로 있다.

속리산 법주사 일주문. 다리를 건너면 가장 먼저 일주문을 마주하고
일주문을 통과하면 본격적으로 성역, 피안의 세계로 진입하게 된다.

이 수미산 우주론을 바탕으로 해서 가람 배치가 이루어졌
다. 계곡물과 다리는 성과 속을 나누는 향수해香水海를 상징하고,
일주문은 천상계를 넘어선 불지佛地를 향해 나아가는 자의 일심
一心을 상징한다.

사천왕이 있는 사천왕문은 수미산 중턱까지 올라왔음을, 불
이문不二門이나 해탈문은 수미산 정상에 이르렀음을 의미한다.
대웅전은 수미산 정상의 도리천 안의 선견성善見城을 의미한다.

그 연장선상에서 부처상이 봉안된 법당 안의 불단을 수미단須彌壇이라고 명명했다.

그리고 사찰에서 탑과 불전은 가장 기본적인 구조물이므로 가람 배치를 논할 때 탑의 배치 형식에 기준을 두고 분류하는데, 하나의 탑이 불전과 일직선상에 놓여 있으면 일탑식 가람 배치, 두 개의 탑이 불전 앞에 동서로 대칭하여 세워지면 쌍탑식 가람 배치라고 한다.

호젓한 힐링, 산사 산책

4월 하순 평일 낮에 취재를 겸해 논산의 쌍계사를 찾아갔다. 그전까지는 가 본 적이 없는 사찰이었다. 논산에는 마침 봄비가 부슬부슬 내리고 있었다.

쌍계사는 논산시 양촌면 불명산 동쪽 기슭에 자리하고 있다. 인적이 없는 들길과 산속 숲길을 따라 천천히 차를 몰아 쌍계사 봉황루 아래에 도착했다. 봄비에 떨어진 산벚나무의 연분홍 꽃잎이 땅바닥 여기저기를 수놓았고, 비를 맞아 더욱 생기 넘치는 신록이 옅은 안개 속에 환상적인 풍경을 만들고 있었다. 봉황루에 올라 그런 풍광을 둘러보니 눈길 따라 마음이 절로 신록의 기운 속으로 빨려 들어갔다.

오전 11시경이었다. 봉황루 맞은편의 대웅전 안에서 한 스

님이 목탁을 두드리며 예불을 드리는 소리가 청아하게 들려왔
다. 누각에서 내려와 넓은 대웅전 앞마당을 거닐며 그 소리에
귀를 기울였다. 부슬비 내리는, 조용하고 한적한 산사를 거닐며
듣는 염불 소리에 마음이 저절로 정화되었다.

봄비에 젖은
쌍계사　　　　　쌍계사는 봉황루 아래를 지나 마당으로 올
　　　　　　　　라서면 1738년에 건립된 전면 다섯 칸, 측
면 세 칸의 커다란 대웅전보물 제408호만 홀로 덩그렇게 서 있다.
작은 명부전과 나한전 등이 대웅전 오른쪽에 있다. 푸른 잔디와
잡초, 이름 모를 풀꽃들이 수놓은 마당 한쪽에는 커다란 느티나
무 고목 두 그루가 서 있다. 뿌리가 합쳐진 연리근連理根 나무라
고 한다.

　웅장하고 잘생긴 대웅전에 가까이 다가가 본다. 우선 앞쪽
다섯 칸 문짝 전부를 장식한 꽃살문이 눈길을 끈다. 칸별로 국
화, 무궁화, 모란, 연꽃, 작약 등 각기 다른 꽃으로 되어 있다. 누
구나 보면 매료될 만하다. 측면 출입구인 한쪽 협문은 외짝 문인
데 위 칸에 활짝 핀 꽃송이와 꽃봉오리, 줄기와 잎이 대칭으로
아름답게 새겨져 있다. 보기 드문 꽃살문인데, 모란인 것 같다.

　다듬지 않은 자연석 주춧돌 위에 세워진 굵은 기둥들을 보
는 맛도 각별하다. 기둥은 껍질만 벗긴 후 대충 다듬은 듯 각기

논산 쌍계사 대웅전 앞에서 풀을 뽑고 있는 스님.

굵기와 모양이 다르다. 그중 하나는 칡덩굴 기둥이라고 한다. 아름드리 기둥이라 칡이라곤 믿기 어려웠다. 다른 기둥과 비교해 살펴보면 나뭇결이 다른 것을 확인할 수 있지만, 실제 칡덩굴 기둥인지는 알 수가 없다.

이 기둥과 관련해 이런 이야기가 전해진다. 윤달이 드는 해에 이 기둥을 안고 기도하면 죽을 때 고통 없이, 오래 앓지 않고 저세상으로 간다고 한다. 한 번을 안으면 하루 아프고, 세 번 안으면 사흘만 앓다가 간다는 것이다. 그리고 저승에 가면 저승사자가 논산 쌍계사에 갔다가 왔느냐고 물어본다는 이야기가 함께 전해진다.

쌍계사 주지인 종봉 스님은 칡덩굴인지의 여부는 기둥의 성분을 전문 기관에 의뢰해 분석해 보면 알 수야 있겠지만, 굳이 그럴 필요가 있겠나 싶어 분석하지 않았다고 한다. 그러면서 그 기둥을 보면 칡넝쿨이 감았던 자국으로 보이는 흔적이 있는데, 그래서 칡덩굴 기둥이라는 이야기가 전해지게 됐는지도 모르겠다고 했다.

깨끗함이 극에 이르면 그 빛이 걸림이 없으니
온 허공을 머금고 고요하게 비치네.
물러 나와 세상일을 돌아보니
마치 꿈속의 일과 같구나.
淨極光通達
寂照含虛空
却來觀世間
猶如夢中事

대웅전에 걸린 주련 내용이다. 요즘은 한자로 된 주련을 한글로 풀이해 안내하는 곳이 많다. 이런 주련을 한번 읽어 보는 것도 좋을 것이다.

염불이 끝난 뒤 대웅전 안으로 들어갔다. 세 개의 불상이 모

쌍계사 대웅전 천장의 극락조.

서져 있고 그 뒤로는 탱화가, 위로는 눈길을 빼앗는 멋진 닫집으로 장엄돼 있다. 경건한 마음이 저절로 우러나는 분위기다. 마침 절에 계시는 듯한 여자분이 들어오기에 스님 계시면 잠깐 이야기를 나누고 싶다고 부탁했다. 그분은 잠시 후 다시 와서 종무실로 오라고 전했다.

주지스님과 이런저런 이야기를 나누다가 스님이 지금 공양 시간이니 같이 가자고 하여 따라 나섰다. 공양을 담당하시는 할머니께서 반갑게 맞아 주시며 많이 먹으라고 권했다. 밥을 먹을 만큼 담고 국 한 그릇을 떠서, 마침 식사 중이던 다른 스님과 같은 밥상에 앉아 셋이 밥을 먹었다. 김치와 나물 세 가지, 제피잎 무침이 전부였지만 오랜만에 몸과 마음이 편해지는 식사였다.

이 절에는 스님 두 명과 공양을 담당하는 할머니, 그리고 종무를 맡아보는 분까지 해서 네 사람이 식구인 듯했다. 식사 후 잠시 더 이야기를 나누다 인사를 하고 사찰을 나섰다. 나오다가 길옆에 부도밭이 보이기에 차를 세운 뒤, 산자락 숲속에 있는 다양한 부도를 보며 잠시 삶과 죽음을 생각해 보았다.

호젓한 산사가
선사하는 힐링

쌍계사는 터는 넓은 편이지만 규모는 그리 크지 않다. 하지만 볼 것도 많고 한적해서 심신을 재충전하고 자신을 돌아보기 좋은 사찰이라는 생각이 들었다.

호젓한 산사는 이처럼 일상에서 누리기 어려운 심신 충전의 시간을 선사한다. 누구나 힐링의 순간을 만끽할 수 있다.

산사는 일주문, 천왕문, 불이문 등 많은 '문'이 있지만 모두 문짝은 없다. 법당도 문은 있지만 대부분 항상 열려 있다. 산사는 오는 사람 막지 않고, 가는 사람 잡지 않는다. 홀로 거닐다가 사라져도 상관없고, 스님과 이야기를 나누고 싶으면 차 한잔하자고 해도 된다. 특별한 일이 없으면 다 응해 준다. 식사 때가 되어 밥을 먹고 싶으면 한 그릇 청해도 된다. 산사에 출입하는 데는 출입증이 필요하지도 않고, 불교도가 아니어도 상관없다. 인간사로 인한 마음의 괴로움과 스트레스는 모두 마음을 잘 다스리지 못해 초래하는 것인 만큼, 마음공부 전문가인 스님과 이야기를 나누다 보면 해결 실마리를 찾을 수 있을지도 모른다.

마음이 흔들리면 활 그림자도 의심하여 뱀이 되고, 쓰러진 돌도 엎드린 범으로 보이게 된다. 이런 마음 중의 기운은 모두를 죽이는 기운이다. 마음이 가라앉으면 사나운 사람도 순한 갈매기로 바뀌고, 개구리 소리도 음악으로 들린다. 그러면 이르는 곳마다 참다운 기틀을 보게 된다.

《채근담菜根譚》에 나오는 내용이다. 누구나 마음이 가라앉은 상태를 유지하기 바랄 것이다. 자연과 인공이 조화된 아름다움

비를 맞아 더욱 생기 넘치는 신록이 옅은 안개 속에 환상적인 풍경을 만들고 있다.

과 멋이 있고, 한가함이 있는 산사. 귀한 문화재도 있고, 자신을 돌아보게 하는 가르침도 있다. 호젓한 산사에서 각자에게 맞는 방식으로 시간을 보내는 것은 마음을 가라앉히는 힘을 기르는 좋은 방법의 하나가 될 것이다.

피안의 세계로 떠나는 숲길

우리나라 산사는 대부분 멋진 숲길을 자랑한다. 호젓하고 아름다운 숲길을 따라 걷다 보면, 저절로 심신이 상쾌해지고 영혼이 맑아진다. '성역'으로 들어갈 준비가 된 듯하다.

전라도의 대표적 명찰이자 고찰인 해남 두륜산의 대흥사 역시 숲길이 유명하다. 10여 년 전 동백꽃이 뚝뚝 떨어지던 초봄에 그 숲길을 걸었던 감흥이 생생하다. 이번에는 한여름인 7월에 대흥사를 찾았다.

오후 늦게 승용차로 대흥사 아래에 있는 유서 깊은 여관인 유선관遊仙館까지 갔다. 숙박을 예약한 뒤 석양이 깔리기 시작한 숲길을 산책했다. 상쾌한 수목의 향기 속에 물소리를 들으며 먼저 유선관 바로 위의 피안교를 지나 대흥사로 향했다. 십 리 숲길 막바지 부분이다. 조금 올라가니 '두륜산대흥사頭輪山大興寺'라는 편액이 걸린 일주문이 맞아 주고, 좀 더 올라가니 부도밭이 나왔다. 보기 드물게 많은 부도가 길옆에 중첩되어 늘어서 있었다. 서산대사, 사명대사, 초의선사 등 역대 유명 고승을 비롯해 이름이 알려지지 않은 승려의 부도까지 다양한 부도가 모여 있다. 이런저런 생각을 하게 하는 부도밭을 지나자 다시 하천을 건너는 다리인 반야교가 나왔다. 이 다리를 건너 숲길을 따라 오른쪽으로 모퉁이를 돌아가니, 숲 터널이 끝나는 곳에 다시 문이 나왔다. 해탈문이다.

대흥사 십 리 숲길 끝에
나타나는 멋진 경치

해탈문을 지나자 말 그대로 해탈한 기분이 확 들었다. 눈앞에 펼쳐진 두륜산의 풍경이 정말 시원하고 멋지기 때문이었다. 멀리 한눈에 들어오는, 산봉우리 서너 개가 늘어선 산능선이 부드럽게 펼쳐졌다. 여름 활엽수 숲의 푸르름과 파란 하늘의 대비가 펼쳐 내는 멋진 풍광이 심신을 탁 트이게 했다. 산능선이 만들어 내는 모양이 부처가 누워 있는 형상이라고도 한다. 실제 와불臥佛을 닮기도 했다. 10리 정도 되는 이 숲길을 처음부터 걸어왔다면 그 기분은 더 좋았을 것이다.

저녁 예불이 시작됐는지 큰 북인 법고法鼓 소리가 들려왔다.

터널을 이루는 십 리 숲길이 끝나는 해탈문에 들어서면 나타나는 두륜산 대흥사 풍경. 말 그대로 심신이 해탈하는 기분이 든다.

오후 6시경이었다. 그 소리를 따라가니 대웅보전 앞 누각인 침계루에 다다랐다. 침계루를 지나 대웅보전 앞에 서서 법고 소리를 한참 들었다. 법고를 치는 스님이 고수인지 소리가 정말 좋았다. 법고에 이어 운판雲版 치는 소리를 듣고, 법고와 운판을 친 스님들이 대웅보전에 들어가 예불하는 것을 감상했다. 그리고 사찰 곳곳을 둘러보고 돌아 나와 유선관 앞을 지나 아래쪽 숲길을 따라 대흥사 주차장까지 내려가며 산책했다.

대흥사 숲길은 '두륜산대흥사'라는 현판이 걸린 산문을 지나면서부터 시작된다. 이 편액 글씨는 호남의 대표적 서예가 강암 송성용1913~1999의 글씨다. 산문에는 주련이 두 개 걸려 있는데, '전쟁 등 삼재가 미치지 못하는 곳三災不入之處 / 만 년 동안 훼손되지 않는 땅萬年不毀之地'이라는 내용으로 서산대사가 두륜산을 두고 한 말이다.

산문을 지나 해탈문까지 이어지는 숲길은 10리, *4km* 가까이 된다. 소나무, 편백나무, 삼나무, 왕벚나무, 서어나무, 떡갈나무, 단풍나무, 동백나무 등 이 지역에 자생하는 나무들이 아름드리 굵기를 자랑하니 한낮에도 그 안은 어둑어둑할 정도로 숲 터널을 이뤘다. 숲길은 침계루 앞을 지나 흘러내리는 하천을 수차례 건너며 굽이굽이 이어진다. '십 리 숲길'로 불리는 이 숲길은 그래서 '구림구곡九林九曲'으로도 불린다. 또 봄이 오래 머문다는 의미의 '장춘長春 숲길'로도 불린다.

이 길은 꽤 길어 차를 타고 천천히 달려도 그 분위기를 느낄 수 있지만, 직접 걷는 것과는 비교할 수 없을 것이다. 차도와 별개로 보행자를 위한 길도 곳곳에 만들어 놓았다. 계곡을 따라 낸 '물소리길', 반대편 산 쪽의 '동백 숲길' 등이 그렇다. 이곳의 동백 숲도 보기 드물게 좋은 동백 숲이다.

아침에 일어나 다시 숲길을 걸으며 또 다른 '해탈'의 기분을 만끽했다.

대흥사 숲길의 마지막 부분. 숲길 끝에 해탈문이 보인다.

곳곳에 있는
아름다운 산사 숲길
산사 입구의 숲길은 한국 산사의 특징이라 할 수 있다. 대부분 입구에 긴 숲길이 조성된 우리나라 산사와 달리 중국이나 일본 사찰에서는 이런 숲길을 잘 만날 수 없다.

우리 불교는 9세기 중반 신라 도의선사에 의해 선종이 전파되면서 구산선문九山禪門이 개창되는 등 전국 명산에 많은 선종 사찰이 건립되었다. 이때부터 산속 사찰은 한국 불교문화의 큰

산사를 오르며 느끼다

흐름이 되었고, 산사 불교가 한국 불교의 한 특징이 되었다고 할 수 있다.

인도와 중국 불교의 특징은 석굴사원이고, 일본 불교의 특징은 사찰 정원이다. 그래서 인도 아잔타의 석굴, 중국의 윈강석굴과 룽먼석굴 등이 세계유산에 등재되었고, 일본은 독특한 정원을 가진 교토의 료안지와 덴류지 등이 세계유산에 등재되었다. 이와 달리 한국에는 산사 불교가 발달했고, 고유의 산사 불교문화 덕분에 2018년 일곱 개의 산사가 유네스코 세계유산에 등재된 것이다. 이런 한국 산사의 특징 중 하나가 입구 숲길이다. 불교적 우주관에서 나온 이 숲길은 불국토佛國土인 사찰과 속세 간의 경계인 셈이다. 숲을 통과해 불국토에 이르는 구조라고 할 수 있다. 숲길을 통과하면서 청정한 마음을 갖도록 돕는 것이다.

대흥사 숲길 말고도 아름다운 산사 숲길이 많다. 일주문에서부터 1km 정도 이어지는 오대산 월정사 전나무 숲길, 부안 내소사 전나무 숲길, 합천 해인사 홍류동 계곡 숲길, 순천 송광사 숲길, 승주 선암사 숲길, 의성 고운사 소나무 숲길, 청도 운문사 소나무 숲길, 양산 통도사 소나무 숲길 등이 그 대표적인 예이다.

특히 통도사 숲길은 최근 '무풍한송로舞風寒松路'라는 이름을 붙여 놓았는데, 다른 산사의 숲길과 달리 보행자 전용으로 만들어 많은 사랑을 받고 있다. 매표소가 있는 통도사 영축산문을

오대산 월정사 전나무 숲길.

통과하면, 차들은 왼쪽에 나타나는 무풍교를 건너 포장도로를
따라 주차장으로 가게 된다. 차량 통행을 금지한 보행로는 무풍
교를 건너지 않고 바로 직진하면서 시작되는 숲길이다.

  계곡 옆으로 나 있는 무풍한송로에 들어서면 속세를 벗어
나 딴 세상으로 들어온 느낌이 든다. 수백 년이 된 아름다운 노
송들이 길 양옆에 늘어서 하늘을 가리고 있고, 새소리와 물소리
가 한가롭게 들려온다. 노송과 계곡이 어우러져 멋진 풍광을 선
사하는 이 보행로 주변은 '무풍한송'이라 불리며 통도팔경의 첫
번째로 꼽힌다. '무풍한송'의 '무풍'은 이곳의 바람이 다른 지점
보다 특별히 심해 '바람이 춤을 춘다'는 의미로 붙여졌다.

  1.6km 정도 되는 이 길은 1960년대까지는 마차가 다니던 흙

승주 선암사 숲길.

길이었다. 1970년대 들어서는 차량과 보행자가 함께 사용했으며, 아스팔트도 깔렸다. 1990년 무풍교를 만들고 새 자동차 도로를 내면서, 이 길은 보행자 전용으로 바뀌었다. 아름다운 숲길의 분위기를 온전하게 보존하기 위해서다.

오래된 산사들은 고목들이 늘어선 멋진 숲길을 자랑하지만, 대부분 차량과 함께 이용하면서 점점 호젓한 분위기를 만끽할 수 없는 길로 변해 버렸다. 보행자는 차량이 원망스럽고, 차량 운전자도 보행자에게 미안한 마음이 드는 상황의 반복이다. 무

산사를 오르며 느끼다

풍한송로는 원래의 숲길을 보행자 전용으로 하고 자동차 도로를 따로 내면서 이런 문제를 해결한 대표적 사례다.

아름다운 산사 숲길들이 무풍한송로처럼 차량의 방해를 받지 않고 걸을 수 있는 숲길로 거듭나 더 많은 사람의 사랑을 받으면 좋겠다.

사찰에 동백나무 심은 뜻은

고창 선운사는 산속에 있지만, 전각들은 평지에 건립돼 있다. 누각인 만세루가 큰 마당 한가운데 서 있고, 그 맞은편의 대웅전을 중심으로 좌우에 전각들이 펼쳐져 있다. 선운사 경내 입구인 천왕문으로 들어서면 만세루를 비롯한 전각들 대부분이 한눈에 들어온다. 만세루 옆을 돌아 대웅전 쪽으로 시선을 돌리면, 전각들 뒤편을 둘러싸고 있는 푸른 숲이 특히 눈길을 끈다. 대웅전과 그 좌우의 영산전, 관음전 등 뒤로 푸른 숲이 띠를 이루며 좌우로 길게 펼쳐져 있다. 산사 전각들과 어우러져 특별한 분위기를 선사하는데, 바로 동백나무 숲이다.

동백나무 숲은 다른 수목들이 꽃이나 잎을 피우지 않는 겨울과 초봄에 특히 그 존재감을 드러내며 각별한 인상을 준다.

고창 선운사의 영산전 뒤쪽을 둘러싸고 있는 동백나무 숲.

우리나라에는 이처럼 멋진 고목 동백 숲이 사찰 주변을 둘러싸서 보호하며 각별한 아름다움을 사계절 변함없이 선사하고 있는 산사가 적지 않다.

고창 선운사 등의
동백나무 숲

천연기념물 제184호인 선운사 동백나무 숲은 2,000여 그루의 동백나무 군락이 $16,530\,m^2$에 걸쳐 $30\,m$ 정도 폭의 긴 띠 모양으로 조성돼

만개한 선운사 동백나무.

있다. 나무의 평균 높이는 6m 내외라고 한다. 가슴높이의 줄기 지름은 30cm 정도이며, 수관樹冠* 너비는 8m 정도이다.

이곳 동백나무를 정확하게 언제 심었는지 알 수 없으나, 500년 정도 수령인 것으로 알려져 있다. 선운사 동백나무는 산불이 났을 때 사찰 전각으로 번지는 것을 막는 방화림으로 심어졌다고 한다. 동백나무 숲은 대웅전 등 전각에서 15m 이상의 공간을 띄워 조성돼 있어, 산불이 동백나무 숲에 옮겨붙는다고 해도 전각들까지는 쉽게 침범하지 못하도록 했다.

천연기념물 제151호인 강진 백련사 동백나무 숲도 유명하

---

*   나무의 줄기 위에 많은 가지가 달린 부분.

다. 백련사 남쪽과 서쪽의 약 $50,000\,m^2$에 1,500여 그루가 숲을 이루고 있다. 나무 높이는 $7\,m$ 정도. 이 동백나무 숲은 고려 말 원묘국사가 사찰을 중창할 때 방화림 등의 목적으로 조성했다고 한다. 스님들의 부도가 숲속 곳곳에 있는 이 숲에 동백꽃들이 한창 피고 질 때면 붉은 비단을 깔아 놓은 듯한 바닥과 어우러져 환상적인 분위기를 선사한다. 동백나무와 함께 비자나무, 후박나무, 푸조나무 등 우리나라 남부 해안에서 서식하는 수종들도 자라고 있다.

구례의 화엄사 전각들도 동백나무 숲이 보호하고 있다. 서쪽 산비탈과 접하고 있는 각황전과 원통전, 만월당 뒤쪽에 동백나무 숲이 조성돼 있다. 이 숲이 언제 조성됐는지는 확실하지 않지만, 정유재란1597 때 전각들이 전소된 후 각황전 등을 중건하면서 스님들이 심은 것으로 추정되고 있다.

또한 해남 대흥사와 미황사의 동백나무 숲도 아름다운 산사 풍광을 더하는데 한몫을 한다.

옥룡사지의
동백나무 숲

전각들은 사라져 버리고 주변에 심었던 동백나무들만 지금까지 남아 지난 역사를 말해 주고 있는 곳도 있다. 옛 절터인 광양시 옥룡면 추산리의 옥룡사지 동백나무 숲이다. 사찰 동백나무 숲으로는 최대 규모일 것이다. 절터 주위에 조성된 동백나무 숲은 70,000㎡에 이르고, 이 숲에는 백 년 이상 된 동백나무 만여 그루가 자라고 있다고 안내하고 있다. 이 동백나무 숲은 2007년 12월에 천연기념물 제489호로 지정됐다.

동백이 꽃을 한창 피우고 있던 3월 12일 이곳을 찾아갔다. 옥룡사지 입구 주차장에 차를 주차하고 내리니, 청량한 공기 속에 맑고 은근한 향기가 코를 즐겁게 했다. 무슨 향기인가 싶어 주변을 둘러보니 멀리 이곳저곳에 한창 꽃을 피우고 있는 매화나무들이 눈에 들어왔다. 동백꽃은 향기가 거의 없다.

매화나무와 감나무가 있는 밭을 지나 옥룡사지를 향해 조금 올라가니 하늘을 가리는 동백나무 숲길이 기다리고 있었다. 그 속에 들어가니 바닥에도, 나뭇가지에도 붉은 동백꽃이 수를 놓고 있었다. 동백나무 숲의 분위기를 즐기며 잠시 걷다 보면 동백 터널이 끝나고 옥룡사지가 펼쳐진다. 옥룡사지는 산비탈에 있는데, 석축과 주춧돌로 보이는 유적들이 조금 보이는 것 말고는 눈에 띄는 문화재는 없고 잘 관리된 잔디밭만 펼쳐져 있었다. 이 절터 사방을 모두 동백나무 숲이 둘러싸고 있었다. 크고 작은 동백나무들이 울창한 숲을 이루고 있다. 동백나무 숲에 들어가니 절정의 동백꽃에 드나드는 수많은 동박새와 벌 소리가 귀를 즐겁게 했다.

백운산의 한 지맥인 해발 505m의 백계산. 그 남쪽에 사적 제407호인 옥룡사지가 있다. 그 주변의 이 동백나무 숲은 옥룡사玉龍寺를 창건한 도선국사827~898가 땅의 기운을 보강하기 위해 처음 심었다고 전해 온다. 도선국사는 옥룡사에 35년간 머무르면서 수많은 제자를 가르쳤으며, 이곳에서 입적했다. 옥룡은 도선국사의 어렸을 때 이름이다.

광양시는 옥룡사지 동백나무 숲 주변에 계속 동백나무를 더 심어 이 일대에 국내 최대 규모의 동백나무 숲을 조성한다는 계획이다.

광양시 옥룡면 백계산 자락에 있는 옥룡사지 동백나무 숲. 옛 절터를 둘러싼 이 동백나무
숲에는 백 년 이상 된 동백나무 만여 그루가 자라고 있다고 안내하고 있다. 한창 꽃이 필 때
숲에 들어가면 동박새와 벌 등의 소리가 끊이질 않는다.

산사에
동백을 심은 뜻은

산사의 동백나무 숲은 방화림이자 방풍림으로 조성하거나 풍수지리적 비보 차원에서 조성한 것이지만, 사찰 경제를 떠받치는 역할도 했다고 한다. 동백나무 열매에서 짠 기름인 동백기름은 등잔불을 밝히는 등 스님들의 필수 생활용품이자, 조선의 숭유억불정책으로 가뜩이나 재정적 어려움을 겪던 사찰 경제에 적지 않은 도움을 주는 수입원이었을 것으로 본다.

조성 당시 스님들이 동백나무를 심은 목적이 무엇이든, 사시사철 푸르름과 아름다움을 선사하는 동백나무 숲으로 산사의 각별한 풍광을 누리게 해 주니 고마울 뿐이다.

동백나무는 꽃이 피는 시기에 따라 춘백春栢, 추백秋栢, 동백冬栢으로 구분한다.

선운사 꽃무릇 피는 계절

가을이 되면 산사 주변은 붉은색으로 물든다. 꽃무릇이다. 땅 위로 꽃대만 쑥 내민 뒤 그 끝에 커다란 붉은 꽃을 피우는 독특한 식물이다.

9월 중순이 되면 이 꽃무릇으로 주위가 붉게 물드는 산사가 적지 않다. 특히 전라도 서해안 쪽에 있는 사찰들이 그렇다. 꽃무릇이 꽃을 피우기 시작하면 사찰 주변은 보름 정도 선경 같은 별천지로 변한다. 그중 고창 선운사, 영광 불갑사, 함평 용천사, 김제 금산사 등이 유명하다.

고창 선운사

꽃무릇　　　　9월 19일 고창 선운사에 다녀왔다. 선운사
　　　　　　　　에 가까워지자 도로변에 심어 놓은 꽃무릇
이 꽃을 피우고 있었다. '꽃무릇 세상'으로 들어섬을 알리는 것
같았다.

　매표소와 일주문을 지나니 길옆 숲속 곳곳에 꽃무릇 세상이
펼쳐지기 시작했다. 아직 꽃을 피우지 않고 꽃대만 올라와 있는
것이 대부분인 곳도 있고, 꽃을 한창 피우고 있는 곳도 있었다.
꽃을 거의 피우지 않은, 꽃봉오리를 달고 있는 연초록 꽃대가
수없이 많이 올라와 숲속을 빽빽하게 채우고 있는 모습도 색다
른 장관이었다. 초봄 고사리밭에 고사리가 한창 올라오는 모습
이 떠올랐다.

　선운사 앞을 흐르는 개울인 도솔천 옆 숲속의 꽃무릇은 본
격적으로 꽃을 피우고 있었다. 특히 그 꽃무릇들이 개울물에 비
친 모습은 각별한 풍광을 선사했다. 무리 지어 핀다고 해서 붙
여졌다는 꽃 이름처럼 무리를 지어 핀 꽃도 좋지만, 물가에 한
두 개가 외롭게 핀 모습도 아름다웠다. 대웅보전과 영산전 뒤의
동백나무 숲속 곳곳에도 외로운 꽃무릇이 보이고, 선운사 앞의
녹차밭 주변에도 꽃무릇이 고개를 내밀고 있었다.

　도솔천을 따라 내려오다 일주문에 이르기 전 오른쪽에 있는
다리를 통해 도솔천을 건너니 왼쪽의 길옆 산비탈을 따라 꽃을
한창 피운 꽃무릇 천지가 펼쳐져 있었다. 크고 작은 단풍나무가

고창 선운사 부근 산비탈에 피어난 꽃무릇. 한 송이로 보이지만 보통 여섯 개의 꽃으로 이루어져 있는데, 이 여섯 개의 꽃은 깨달음에 이르기 위한 불교의 실천 덕목인 육바라밀을 상징하는 것으로 해석된다.

주종을 이르고 있는 숲속을 꽃무릇이 가득 채우고 있었다. 탄성이 절로 나왔다. 며칠 후면 정신이 혼미해질 정도의 풍경이 될 것 같다고 생각하며 발길을 돌렸다.

우리나라의 대표적인 꽃무릇 군락지는 이 선운사를 비롯해 영광 불갑사, 함평 용천사가 가장 유명하다. 선운사 꽃무릇은 사찰 주변 숲속 곳곳에 자연스럽게 피어 있는, 야생에 가까운 모습이어서 정성 들여 가꾼 정원 같은 불갑사 꽃무릇과는 다른 아름다움을 선사한다.

이들 산사 일대에서는 해마다 꽃무릇이 한창일 때 축제가 열린다. 2019년 선운사는 9월 21일에 꽃무릇 시화전, 산사음악

회 등이 열린 제12회 선운문화제를 개최했다. 영광군은 불갑사 관광지구 일원에서 9월 18일부터 24일까지 '상사화, 천년사랑을 품다'를 주제로 제19회 불갑산 상사화 축제를 열었다. 불갑산은 우리나라 최대 규모의 꽃무릇 군락지를 자랑한다.

함평군은 9월 21~22일 용천사 앞 꽃무릇공원 일대에서 제20회 함평 꽃무릇큰잔치를 펼쳤다. 400,000평이 넘는 땅에 조성된 꽃무릇공원에는 해마다 꽃무릇이 군락을 이뤄 피어나 장관을 연출한다. 용천사 진입 도로 등에도 꽃무릇 길이 조성돼 있다.

사찰과 꽃무릇

요즘은 도심의 도로 화단이나 공원 등에도 꽃무릇을 많이 심고 있으나, 전통적으로 사찰 주변에 그 군락지가 많았다.

꽃무릇은 석산石蒜, 독산獨蒜이라고도 하며, 피안화彼岸花로도 불린다. 9월 중순경에 알뿌리에서 30~50cm 길이의 꽃대가 자라나 넷에서 여섯 송이가 우산 모양의 큰 꽃으로 피어난다. 꽃은 붉게 피고 한 송이는 여섯 장의 꽃잎을 가지고 있다. 꽃잎은 뒤로 말리며, 가장자리는 주름이 잡힌다. 여섯 개의 수술은 꽃잎보다 훨씬 길어 꽃 밖으로 길게 뻗어 나온다. 꽃은 보름 정도 유지되다가 시든 후, 11월 초순경이면 꽃대가 사그라져 없어진다.

열매는 맺지 않는다. 12월 중순부터 짙은 녹색 잎이 올라오기 시작, 주변을 초록빛으로 물들이며 겨울 산야에 생기를 불어넣는다.

꽃대만 미끈하게 뻗어 올라 고결함을 보여 준 뒤 곧 화사한 모양의 꽃을 피운 후 사라지고 잎이 돋아나는, 독특한 생리의 꽃무릇은 '붉은 상사화相思花'로도 불린다. 꽃과 잎이 서로 만나지 못하는 생리로 인해 서로 끝없이 그리워만 해야 하는相思, 이룰 수 없는 사랑을 상징하는 꽃인 상사화로 불리는 것이다. 서로를 좋아하지만 이룰 수 없는 애절한 사랑, 무한히 그리워하지만 영원히 만날 수 없는 애틋한 사랑을 상징하는 꽃으로 인식되고 있다. 사실 꽃무릇과 비슷한 상사화는 봄에 잎이 나서 6~7월에 말라 없어지고, 8~9월에 연분홍이나 노란색, 흰색 등의 꽃이 핀다.

사찰 주변에 꽃무릇이 많은 것과 관련해 회자되는 전설이 있다. 옛날 어느 산사의 젊은 스님이 속세의 아리따운 여인을 보고 첫눈에 반해 짝사랑에 빠지게 되었다. 스님은 사랑한다는 말 한마디 하지 못한 채 시름시름 앓다가 죽고, 그 스님의 무덤에 붉은 꽃이 피어났다고 한다. 반대로 어떤 여인이 수행하는 어느 스님을 사모했지만 그 사랑을 전하지 못하고 시들시들 앓다가 눈을 감고 말았는데, 어느 날 그 스님의 방 앞에 이름 모를 붉은 꽃이 피어났고, 사람들은 상사병으로 죽은 여인의 넋이 꽃

꽃무릇이 유명한 김제 금산사.

이 된 것이라고 했다는 이야기도 전해 오고 있다.

하지만 사찰 주변에 꽃무릇이 많은 현실적 이유는 이 꽃무릇에 있는 약성 때문일 것이다. 뿌리로 즙을 내고 꽃으로 물감을 만들어 탱화나 단청을 할 때 사용하면 방부제 성분 덕분에 좀이 슬지 않고 잘 상하지 않았다고 한다. 그래서 단청을 하고 탱화를 그리는 절집 주변에 많이 심었고, 이것이 번져서 군락을 이뤘다는 것이다.

꽃무릇의
불교적 의미

독특한 생리와 특징을 지닌 꽃무릇은 여러 가지 불교적 의미를 담고 있는 것으로도 해석된다. 불교계에서는 꽃무릇을 피안화라고도 부르는데, 미혹과 번뇌의 세계에서 생사유전生死流轉하는 인간의 세계를 차안此岸이라 부르고, 이런 상태를 벗어난 깨달음열반의 세계를 피안彼岸이라 한다.

꽃무릇이 잎이 무성하게 나 있는 상태는 번뇌 망상이 끊이지 않는 차안의 세계이고, 꽃대만 올라와 꽃이 핀 상태는 해탈 열반의 세계인 피안을 의미하는 것으로 설명한다. 사찰 주변에 많은 꽃무릇은 사람들에게 열심히 수행하여 번뇌와 집착으로 인한 괴로움에서 벗어나서 열반의 세계에 살 수 있도록 하라는 메시지를 전해 준다고 할 수 있다.

금산사 미륵전 뒤뜰의 꽃무릇.

또 피안화는 얼핏 보면 한 꽃대에서 한 송이 꽃이 피는 것으로 보이나, 자세히 보면 꽃대 끝에 보통 여섯 개의 꽃봉오리가 나와 피어남을 확인할 수 있다. 이 여섯 개의 꽃은 대승보살의 실천 수행 덕목인 육바라밀*을 상징하는 것으로 본다. 여섯 개의 꽃이 모여 한 송이의 아름다운 피안화를 이루듯이, 육바라밀 수행을 통해 깨달음을 이루게 됨을 보여 주는 것이다.

----

*   보시(布施), 지계(持戒), 인욕(忍辱), 정진(精進), 선정(禪定), 지혜(智慧).

                   산사를 오르며 느끼다

문 없는 문의 막존지해

요즘 난감한 경험을 하곤 한다. 주변 사람들의 달라진 생각이나 언행들에서 비롯된 문제다. 직접 이야기하는 것을 듣거나 SNS를 통해 보다 보면 그 내용과 의견이 점점 극단적으로 변하고 있다. 특히 정치적 현안을 비롯한 사회적 관심사에 대한 주장들은 건성으로도 동조하기가 쉽지 않아 난감한 경우가 잦다. 나이가 들수록 세상사에 대한 옳고 그름의 판단을 내리기가 쉽지 않고, 자신 있게 내 생각이 옳다고 말하기가 점점 더 어려워짐을 깨닫게 되니 더욱 그렇다.

나이가 들면 겸손해지고 지혜가 생기며 아량도 늘어난다고 한다. 반대로 고집이 더 강해지고 자신의 경험이나 가치관에 더욱 집착하게 된다고도 한다. 다 맞는 말이다. 전자인 사람이 많아지면 세상이 더 살 만하고 바람직한 방향으로 흘러갈 것이고, 후자인 이들이 많으면 그 반대가 될 것이다. 인간사의 불행한 일 대부분은 개인이나 집단의 이기적 분별심*이나 편협한 가치 관에서 비롯된다.

사찰 입구에
걸린 글귀

우리나라 최고의 참선 수행 도량인 문경 봉암사의 태고선원으로 들어가는 문의 이름은 진공문이다. 이 문의 양쪽 기둥에 '입차문내 막존지해入此門內 莫存知解'라는 글귀를 네 자씩 나눠 새긴 주련이 걸려 있다.

'이 문 안에 들어서면 모든 알음알이를 버려라'라는 의미다. 세속에서 가졌던 기존의 모든 지식이나 고정관념, 분별심을 없애야 진리의 세계, 깨달음의 경지에 다가설 수 있기 때문이다.

부산 범어사는 일주문과 천왕문을 지나면 나타나는 불이문에 이 주련이 걸려 있다. 불이문에는 왼쪽 기둥에 '입차문내 막존지해'가 걸려 있고, 오른쪽 기둥에 '신광불매 만고휘유神光不昧 萬古輝猷'라는 글귀가 걸려 있다. '밝고 신령스러운 빛이 영원히 빛나다'라는 의미다. 글씨는 범어사 조실**로 오랫동안 주석한 현

---

*   불교에서 나와 너, 좋고 싫음, 옳고 그름 따위를 헤아려서 판단하는 마음.

**   불도를 배우는 사람을 교화하고 지도하는 큰스님.

'입차문내 막존지해(入此門內 莫存知解)' 주련이 걸려 있는 부산 범어사의 불이문.

대의 대선사인 동산 스님이 썼다.

이처럼 산사에 가면 그 초입에서 이런 글귀를 만나게 된다. 사찰 입구의 돌기둥에 새긴 경우도 있고, 일주문이나 불이문에 주련으로 걸기도 한다. 태고선원처럼 선원 입구에 걸려 있는 경우도 있다. 구례 화엄사 부속 암자인 연기암에는 입구 돌기둥에 새겨져 있고, 문경 용문사와 하동 쌍계사 등은 일주문에 걸었다.

'입차문내 막존지해'와 짝을 이루는 글귀로 '신광불매 만고휘유' 대신 '무해공기 대도성만無解空器大道成滿'을 건 경우도 있다. 쌍계사와 용문사의 일주문 등이 그런데 '알음알이가 없는 빈 그릇이라야 큰 도를 이룬다'는 의미다.

'신광불매 만고휘유 / 입차문내 막존지해'라는 글귀는 중국 원나라 승려인 중봉 명본의 글이라고 한다. 서산대사가 참선 수행에 요긴한 지침을 엮은 《선가귀감禪家龜鑑》의 마지막 글귀도 이것이다.

세속의 지식과 정보들이라고 할 수 있는 알음알이는 부처의 가르침을 받아들이는 데 무엇보다 큰 장애가 되기 때문에 잊어버릴 것을 주문하고 있는 것이다. 만고에 빛나는 밝고 신령한 광명, 불생불멸의 본래 자리는 모든 지식이나 사상, 그것에 바탕한 모든 분별심을 떠난 곳에 있기 때문이다.

참고로 《선가귀감》의 첫 구절은 다음과 같다.

여기에 한 물건이 있는데 본래부터 한없이 밝고 신령하여, 일찍이 나지도 않고 죽지도 않았으며, 이름을 지을 수도 없고 모양을 그릴 수도 없다.

有一物於此 從本以來 昭昭靈靈 不曾生不曾滅 名不得狀不得

모두에게

필요한 가르침　어린 시절 시골에서 생활했던 기억을 떠올려 보면 당시에는 노인들 대부분이 너그럽고 지혜로운 언행을 보여 주었던 것 같다. 요즘은 그렇지 않다. 언론을 통해 접하는 우리 사회 지식인이나 정치인 들은

'입차문내 막존지해(入此門內 莫存知解)' 글귀가 돌기둥에 새겨져 있는
구례 화엄사 부속 암자인 연기암 입구.

더욱 그렇다. 열린 마음과 겸손한 자세로 사안의 본질을 제대로 보고 바람직한 해법을 이야기하는 어른을 찾아보기 어렵다.

사람이 나이가 들면 몸은 점점 딱딱해져도 마음은 더욱 부드러워지는 것이 바람직하다. 더욱 열린 마음이 되고, 겸손하고 지혜로워져야 한다. 그것이 나이 든 값을 하는 것이 아닐까 싶다. 몸처럼 마음도 나이가 들면서 점점 굳어져 버린다면, 어른은 오히려 사회의 골칫거리가 되고 말 것이다. 지도자들이 그러면 사회는 더욱 각박해지고 갈수록 극단으로 치달을 것이다. 가정이나 조직, 국가나 지구촌 모두 마찬가지다.

탈무드 전설에 따르면, 처음에는 인간의 노화 흔적이 겉으로 드러나지 않았다고 한다. 그래서 아브라함은 신에게 나이가 들면 용모를 보고 구별할 수 있게 만들어 달라고 간청했다. 한 세대와 그다음 세대를 구별하기 힘들면 누가 경험과 지혜가 더 많은지를 알아볼 수가 없기 때문이었다. 늙음은 지혜의 표상이었던 것이다.

종교전쟁이나 마녀사냥, 나치의 만행, 전쟁과 테러 등 인류의 불행한 역사는 모두 종교, 사상, 문화, 민족 등의 편협한 가치관이나 분별심, 이기주의가 원인이다. 우리나라의 불행한 현실과 지난 역사도 그렇다.

고집이나 편견을 점점 없애 가는 삶을 목표로 삼아야 할 것이다. 우리 개인이나 사회가 그런 방향으로 나아가고 있을까? 부처가 되고 신선이 되는 것이 목표가 아니더라도, 우리의 삶

서울 길상사 입구 산문에 걸려 있는 '입차문래 막존지해(入此門來 莫存知解)'.

속에서 행복하기 위해서라도 '막존지해'가 절실하다. 자신의 지식이나 가치관이 틀릴 수 있고 편견일 수 있다는 생각, 인간이 지구촌이나 우주의 중심이 아니라 먼지 같은 존재에 불과하다는 인식이 절실하다.

인공지능을 비롯한 첨단 문명의 지배가 가속화할 앞으로의 인간 사회는 이 같은 인식이 더욱 중요한 시대가 될 것이 분명하다. 그러니 '막존지해'는 사찰이나 선원 입구에만 걸릴 게 아닌 것 같다. 많은 사람에게 영향을 미치는 권력기관의 문에도 걸려야 될 듯하다. 국회, 검찰청, 대법원, 청와대는 물론 미국 백악관, 중국 주석궁, 유엔 등에도. 그러나 걸어 놓기만 하면 별 효과가 없을 터이다. 그들이 매일 읽고 마음에 새기는 모습을 백일몽으로 꿔 본다.

어떻든 나이가 들수록 '막존지해' 방향으로 나아가야 마음이 점점 부드러워질 것이다.

승려가 잠든 곳, 부도

해남 대흥사는 입구의 산문에서 전각들이 있는 사찰 경내까지 이르는 길이 매우 길다. 동백나무와 편백나무, 전나무, 소나무 등이 하늘을 가리고 있는 멋진 '십 리 숲길'은 사시사철 아름다운 풍광을 선사한다. 동백 숲길을 지나 우리나라 최초의 여관이라는 유선관을 지나면 계곡을 건너는 다리 피안교가 나온다. 피안교를 건너 조금 올라가면 '두륜산대흥사'라는 편액이 걸린 일주문이 맞아 주고, 좀 더 올라가면 오른쪽에 부도밭이 눈길을 끈다. 담장으로 둘러싸인 이 부도밭에는 보기 드물게 많은 부도가 늘어서 '부도 숲'을 이루고 있다.

스님들이 별세한 뒤 화장 후 그 유골을 모신 부도가 몰려 있는 부도밭은 스님들의 공동묘지라고 할 수 있다. 산사의 부도밭

해남 대흥사 부도밭. 일주문을 지나 사찰 경내로 가는 길 오른쪽에 있다.
부도와 부도비 등 80여 기가 모여 있다.

은 보통 전각들이 있는 사찰 경내가 아니라 대흥사 부도밭처럼
경내로 들어가는 길옆이나 부근 산비탈 등에 따로 조성돼 있다.
부도는 보통 한곳에 모여 있는데, 이런 부도밭은 산사의 특별한
볼거리다. 물론 부도밭이 아닌 곳에 따로 있는 부도도 있다.

대흥사

부도밭　　　대흥사 부도밭에는 80여 기에 이르는 부도와 부
　　　　　　　도비가 서 있다. 부도 54기와 부도비 27기다. 서
산대사, 초의선사를 비롯해 대흥사에서 배출한 13 대종사, 13

여수 흥국사 부도밭.

대강사 등의 부도비 및 부도가 빽빽하게 늘어서 있다.

이 중 '청허당'이라고 새겨진 서산대사 부도는 보물 제1347호로 지정돼 있다. 통일신라 시대 이래의 팔각원당형八角圓堂形 부도 양식을 계승한 석조 부도로 높이는 2.7m인데, 다른 부도와 비교해 형태나 조각이 매우 화려하다. 근처의 서산대사 부도탑비가 1647년에 건립된 것으로 되어 있어, 부도 역시 이와 비슷한 시기에 건립된 것으로 보인다. 중대석과 상대석의 동물 장식, 옥개석의 전각에 표현된 용과 상륜부의 장식이 눈길을 끈다.

추사 김정희, 다산 정약용 등과 교유한 초의선사 부도는 서산대사 부도 앞에 있다.

흥국사

부도밭 소박하면서도 인상적인 부도밭으로 여수 흥국사 부도밭을 꼽을 수 있을 것이다. 일주문을 지나면 왼쪽에 보이는 축대 위로 부도들이 늘어서 있는 것이 눈에 들어온다. 노송 한 그루가 가운데 서 있고, 그 양쪽으로 부도 12개가 일렬로 안치돼 있다. 그다지 크지 않은 데다 모두 오랜 세월이 느껴지는 부도들이다. 산사 부도밭 중에는 근래 스님들의 유해를 안치한 부도를 주변과 어울리지 않게 너무 크고 화려하게 만들어 눈살을 찌푸리게 하는 경우가 적지 않은데, 이 부도밭은 그렇지 않아 좋았다. 일부가 부서지거나 마모된 것도 있지만, 굽은 노송과 어우러져 더욱 자연스럽고 친근하게 다가왔다.

흥국사를 창건한 보조국사 지눌 1158~1210 의 부도를 비롯해 12개의 부도가 그 형태나 새겨진 조각이 각기 달라 살펴보는 재미도 쏠쏠하다. 특히 취해당 부도는 규모는 가장 작은 부도이지만, 그 형태와 디자인이 매우 단순하면서도 현대적 미감에도 어울려 눈길을 끈다.

쌍봉사

철감선사 부도 전라남도 화순군 이양면 증리 쌍봉사에 있는 통일신라 시대 철감선사의 부도는 국보 제57호로 지정된 대표적 부도이다.

흥국사 부도밭의 보조국사 부도(왼쪽)와 취해당 부도(오른쪽).

　　부도 전체에 치밀하고 정교한 새김장식이 있다. 특히 목조
건축물을 연상하게 하는 정밀한 탑신의 장식 표현이 돋보인다.
탑 전체의 장식이 매우 화려하고 비례와 구성미가 빼어난 탑으
로, 통일신라 하대 석조미술의 진수를 보여 주는 최고의 작품으
로 평가받고 있다.

　　철감선사는 중국 당나라 유학 후 이곳의 아름다운 산수에 이
끌려 절을 짓고, 자신의 호를 따서 쌍봉사라 이름 붙였다. 868년
71세로 쌍봉사에서 입적하자, 왕이 '철감'이라는 시호를 내리고
부도인 승탑과 비를 세우도록 했다.

　　철감선사 승탑은 전체가 팔각으로 이루어진 전형적인 신라

화순 쌍봉사
철감선사 부도.

시대 부도이다. 하대와 상대로 이루어진 기단부와 탑신부, 없어

진 상륜부로 이루어진 팔각원당형의 격식을 제대로 갖추었다.

두 개의 단으로 이루어진 하대석에는 하단에 구름무늬, 상단에

사자를 조각했다. 상대석에는 연꽃무늬仰蓮 위에 팔각 괴임대가

있다. 탑신에는 기둥 모양과 문짝, 사천왕상, 비천상 등이 아름

답게 새겨져 있다. 지붕돌옥개석은 기왓골을 조각하면서 끝부분

은 암막새와 수막새 기와 무늬까지 표현했다. 처마에는 서까래

와 부연까지 사실적으로 조각했다. 상륜부는 부재를 꽂았던 구

멍만 지붕 위에 남아 있을 뿐이다.

산사를 오르며 느끼다

철감선사 승탑 옆에는 보물 제170호로 지정된 철감선사 탑비가 있다.

연곡사

동부도　　팔각원당형을 기본평면으로 하는 이 승탑은 기단으로부터 상륜부까지 거의 완전한 형태를 갖추고 있다. 탑의 형태도 매우 수려하여 신라 승탑 중 걸작으로 손꼽히고 있다.

이 탑 기단의 바닥면은 사각으로 되어 있고, 하대부터 팔각형의 평면이 시작된다. 하대는 크게 세 개의 단으로 나눌 수 있다. 하단과 중단은 구름과 용무늬를 장식하고, 상단은 각 면에 굵은 테를 돋우고 그 안에 사자상을 배치했다. 중대에는 각 면에 코끼리의 눈을 형상화한 안상眼象을 내어 팔부신중八部神衆을 새겼다. 상대는 밑면이 연꽃 받침 모양을 이루고, 위에는 난간 모양의 짤막한 장식 기둥을 모서리마다 세웠다. 각 면에는 가릉빈가상을 새겨 넣었다.

탑신부는 모서리마다 기둥을 새기고 앞뒷면에는 문틀, 자물통, 문고리 등을 표현했다. 문틀 좌우에 사천왕상을 배치하고 양 옆면에는 향로를 새겨 넣었다. 지붕은 서까래와 기왓골 등을 세밀하게 표현했다. 상륜부는 앙화仰花 위로 사면에 날개를 활짝 편 새를 조각하고, 그 위로는 연꽃무늬 장식의 보륜寶輪을 올렸다. 전체

문경 대승사 묘적암 가는 길옆 숲속에 있는 나옹선사 부도.

지리산 연곡사 동부도.

적으로 표현이 매우 뛰어나며, 세부 장식도 정교하고 세련된 감
각을 발휘하고 있다.

부도는 돌로 되어 있어 목재로 된 전각들과 달리 세월이 오
래 흘러도 보존될 수 있었다. 그래서 부도 중에는 천 년이 넘은
것도 있고, 수백 년의 세월이 흐른 것도 있다. 그러다 보니 시대
에 따라 모양이나 방식이 달라 다양한 모습을 보여 준다. 부도

에 새겨진 문양 등도 흥미로운 경우가 적지 않다.

부도밭의 부도이든, 따로 있는 부도이든 부도 자체도 아름답고, 주변의 자연에 동화된 듯한 분위기의 부도들을 접하면 각별한 감흥을 느끼게 된다. 다만 근래 만들어진 부도는 너무 크고 형태도 아름답지 못할 뿐 아니라 정성도 느껴지지 않는 경우가 대부분이어서 쓸쓸한 느낌을 주기도 한다.

설악산 봉정암 가는 길

세상에는 불가사의한 일이 많다. 인간의 일도 그렇다. 사람의 마음 · 정신력이 만들어 내는 기적 같은 일들이 특히 그렇다. 기도의 힘이 그 대표적 예다. 흔히 이야기하는 '정신일도하사불성精神一到何事不成'이라는 말은 정신력이 발휘하는 위력을 잘 대변하고 있다.

한국은 유달리 기도 문화가 발달한 것 같다. 수많은 사람이 삶을 기도의 힘에 의존하며 수시로 기도를 행한다. 이런 한국인이 찾는 수많은 기도처 중 가장 많은 이가 찾는 곳이 어디일까? 불교인들이 주로 찾는 곳이기는 하지만, 한국의 대표적 기도처로 팔공산 갓바위와 남해 보리암, 그리고 설악산 봉정암이 꼽힌다. 3대 기도처로 불리기도 한다.

이 중 설악산 1,244m 고지에 자리한 봉정암은 사람들이 접근하기가 가장 어려운 곳인데도 가장 많은 사람이 찾는 곳이다. 3대가 공덕을 쌓아야 갈 수 있는 기도처라는 말까지 있을 정도다. 노인들 중에는 죽기 전에 한 번 가 보는 것을 평생소원으로 삼는 이들도 적지 않다고 한다.

이곳에는 평일은 400명 정도, 휴일은 천여 명이 찾아 숙박한다. 이렇게 찾아온 이들 중 많은 이가 법당에서 철야 기도하거나 석가사리탑 앞에서 좌선이나 염불하며 밤을 새우기도 한다. 봉정암에 오르는데 보통 다섯 시간이 넘게 걸리기 때문에 당일치기는 쉽지 않다.

천 명은 봉정암이 수용 가능한 인원이다. 그 이상은 입구인 백담사에서 출입을 허락하지 않는다. 천 명이 찾을 경우 그들이 몸을 붙일 수 있는 공간은 한 사람당 40×120cm 방바닥이다. 도저히 못 잘 것 같은 넓이다. 하지만 이런 자리도 휴일을 앞두고는 먼저 예약하지 않으면 확보할 수가 없다.

어떤 힘이 이처럼 많은 사람이 이 같은 고통도 마다하지 않고 찾아오게 하는 것일까?

봉정암은 지극한 정성으로 기도하면 소원 한 가지를 들어준다는 최고의 기도처로 알려져 있다. 불자들이 가장 신성시하는 석가모니의 진신사리眞身舍利를 봉안한 곳인 적멸보궁이며, 가장 접근하기가 어려운 절경에 자리한 암자이다.

눈이 내려 사람이 들어갈 수 없는 출입금지 기간이 아니면 1년 내내, 종일 참배객이 끊이지 않는 봉정암. 소문만 듣던 봉정암을 2011년 6월 17일, 1박 2일 일정으로 찾았다.

백담사에서 수렴동 계곡으로 거쳐 가는 길

대구에서 17일 오전 8시 30분 출발, 중앙고속도로를 달려 홍천에서 빠져나와 막국수로 점심을 먹은 뒤 오후 1시 30분에 백담사에 도착해 봉정암을 향해 걷기 시작했다.

백담사에서 계곡을 따라 영시암까지 가는 길 3.5㎞는 평탄한 숲길이 이어진다. 잘생긴 적송과 한창 푸르름을 자랑하는 단풍나무, 참나무 등 활엽수가 어우러진, 하늘이 잘 안 보이는 숲길은 걷기에 더없이 좋았다. 상쾌한 숲 공기로 심신이 청정해짐을 실감했다. 평일이라 사람도 크게 많지 않아 숲의 기운과 정취를 누리며 걷기에 더욱 좋았다.

계곡에 흐르는 수량이 좀 적어 아쉬움이 있었지만, 계곡의 옥빛 맑은 물을 보는 즐거움도 각별했다. 그늘진 계곡 바위에 신선처럼 누워 피로를 푸는 이들도 종종 눈에 띄었다.

영시암은 삼연三淵 김창흡1653~1722이 은둔했던 암자로, 이름도 김창흡이 지었다는 기록이 있다. 영시암을 지나서 봉정암 가는 길은 두 갈래로 나뉜다. 하나는 수렴동 대피소를 거쳐 수렴동 계곡을 따라 오르는 길이고, 다른 하나는 오세암 쪽으로 오르는 길이다. 더 많은 사람이 선택하는 수렴동 대피소 쪽 길은 산천의 경치가 더 뛰어난 데다 보다 쉽게 오를 수 있는 코스다.

수렴동 계곡 쪽 길을 선택했다. 영시암부터는 오르막이 시작된다. 하지만 흙길, 나무로 만든 길, 돌길을 따라 계곡의 옥빛 소沼와 담潭에다 시원스러운 폭포가 계속 이어지고, 감탄을 자

수렴동 계곡에 펼쳐지는, 적송과 신록이 어우러진 경치.
이런 경치와 폭포, 옥빛 물, 기암괴석 봉우리 등이 등산객의 피로를 잊게 한다.

아내는 암봉 절경이 수시로 나타나 힘든 줄도 모르게 했다.

수시로 코앞까지 다가와 재롱을 떨며 맞아 주는 다람쥐 친구들도 피로를 잊게 한다. 다람쥐가 얼마나 많은지 봉정암에 이르기까지 50여 마리는 본 듯하다. 한창 꽃을 피우고 있는 달콤한 산목련 향기도 특별했다.

서울에서 왔다는 아주머니 세 사람은 상원사와 법흥사의 적멸보궁을 찾은 데 이어 봉정암을 오르는 길이라 했다. 봉정암은 초행이고, 숙박 예약을 해 놓았다고 했다. 제천에서 왔다는 아줌마, 부산에서 왔다는 아저씨 등 전국 곳곳에서 저마다의 목적으로 봉정암을 향해 오르고 있었다. 대부분 여성이었다. 20여 명에게 물어보니 처음 온다는 사람이 대부분이었다.

봉정암을 수시로 오른다는 한 남성은 백담사에서 봉정암까지 발걸음을 세어 보니 14,500보 정도 되더라는 이야기도 들려줬다.

그렇게 걷다가 '봉정암 500m' 표지판을 만났다. 목적지가 코앞이라는 안도감이 잠시 들었지만, 가장 힘든 구간이 시작되었다. '깔딱고개'라 불릴 정도의 급경사 난코스다. 모두들 숨이 턱에 차고 다리가 천근이 된다.

깔딱고개에서 70대 노부부를 아들이 부축하며 올라가는 가족을 만났다. 처음 온다는 할머니는 몇 발자국 움직이다 쉬기를 반복하며 올랐다.

마지막 남은 힘을 쏟아내면서 고갯마루에 오르자 사자바위가 나왔고, 그 사자바위에 오르자 저 멀리 숲속으로 봉정암 기와지붕이 눈에 들어왔다. 사자바위에서 숨을 돌리고 탄성이 절로 나오는 절경을 만끽한 뒤, 내려와 숲길을 잠시 걸으니 봉정암이 눈앞에 나타났다. 시계를 보니 6시 30분이었다. 백담사에서 봉정암까지 거리는 11km이다.

암반을 기단으로 삼은 석가모니 진신사리탑

저녁 식사 시간이라 많은 사람이 줄을 서서 배식을 받아 좁

석가모니의 진신사리를 봉안한 봉정암 석가사리탑 앞에서
사람들이 예배를 올리고 있다.

은 마당 구석구석에 앉아 저녁을 먹고 식기를 씻는 모습이 눈에
들어왔다. 우리 일행도 배낭을 방에 잘 넣어 두고 식사를 하러
갔다. 밥그릇에 쌀밥을 퍼담고 미역국과 오이무침을 함께 담아
식사를 했다. 꿀맛이었다.

　식사 후 식기를 씻어 놓고 석가모니 진신사리를 봉안한 석
가사리탑으로 갔다. 암자에서 돌계단 길을 따라 올라가니 평평
한 암반 위에 세워진 석가사리탑이 나왔다.

　사방이 탁 트인 곳에 자리한 석가사리탑 앞에 이르니, 눈에
들어오는 경치만으로도 탄성이 절로 나왔다. 그렇게 좋은 장소

를 찾아 탑을 세우고 후세 사람들이 찾아와 심신을 청정하게 하도록 한 선조*에게 절로 고마운 마음이 들었다.

석가사리탑은 암반 위에 기단 없이 연꽃무늬를 암반 바닥에 새기고 그 위에 바로 탑신을 올린 보기 드문 형태였다. 오층탑 주위에는 30여 명의 사람이 기도를 하거나 좌선을 하고 있었다. 참배객들은 계속 이어졌다.

탑을 보다 고개를 뒤로 돌리니 큰 암봉이 보이고, 그 밑에 작은 바위 전망대가 눈에 들어왔다. 그곳으로 올라가니 석가사리탑에서 보는 것보다 더한 절경이 펼쳐졌다. 그야말로 일망무제一望無際의 눈앞에 설악산의 대표 절경인 용아장성龍牙長城**과 공룡능선 등이 파노라마처럼 펼쳐졌는데, 가히 천하절경이라 할 만했다.

석양의 절경을 마음껏 감상하고 다시 암자로 내려와 봉정암 사무장과 차 한 잔을 나누며 이런저런 궁금한 것을 물어봤다.

그날은 500명 정도 찾아왔다고 했다. 토요일 등 휴일 전날에는 수용 한계인 천 명이 예약을 한 후 봉정암을 찾아 하룻밤을 지낸다고 했다. 물론 휴일 예약을 원하는 인원은 천 명이 넘지만, 당일치기로 봉정암을 오르기에는 무리이기 때문에 예약이 안 된 참배객들은 아예 백담사에서 출입을 시키지 않는다.

---

* 자장율사가 세운 것으로 전해진다.
** 용의 이빨처럼 날카로운 암봉들이 연이어 성처럼 길게 늘어서 있는 곳.

석가사리탑에서 바라본 봉정암 전경.
왼쪽에 사람 형상을 한 바위는 '부처 바위'로 불린다.

식사를 포함한 숙박료는 만 원이라고 했다.

봉정암을 지나가는 등산객까지 합치면 봉정암을 들르는 사람은 훨씬 더 많다. 3,000명이 봉정암을 찾은 때도 있었다고 했다. 그리고 가장 한가한 날은 부처님오신날인데, 그날은 불자들 대부분이 평소 다니는 절을 찾기 때문이란다.

지금처럼 많은 사람이 찾기 시작한 것은 최소 25년 전이며, 어떤 계기가 있었는지는 모른다고 했다.

서울에 사는 칠순의 할머니가 17년 동안 봉정암을 750번쯤 올랐다는 이야기도 들었다. 관절염 수술을 앞두고 아들에게 업

산사를 오르며 느끼다

혀 처음 올라왔고, 500번째 봉정암에 올랐을 때 기념으로 수건을 돌리면서 그 사실이 알려졌다고 한다.

차를 마시고 일행이 머무를 방에 들어가니 한 사람당 할당된 자리마다 번호가 매겨져 있었다. 40×120cm 금이 바둑판처럼 그려져 있는, 32명이 들어가는 방이었다.

세수하기 위해 세면실에서 물을 트니, 얼마나 차가운지 손이 시려 오래 담그지도 못할 정도였다. 그 산봉우리 아래에 많은 사람이 사용할 물이 나는 샘이 있다는 것도 신기했다.

일행 친구들과 이야기를 나누다 잠을 청했다. 석가사리탑과 법당에서 염불하는 소리가 양쪽에서 들려왔다. 석가사리탑에서는 자정이 넘자 소리가 그쳤고, 법당에서는 철야로 진행됐다. 새벽 3시가 되자 새벽 예불 소리가 들려왔다.

5대 적멸보궁 중 한 곳인 봉정암

이렇게 힘겹게 만난 설악산 봉정암은 백담사에서 대청봉을 향하는 내설악 중 최고의 절경을 자랑하는 용아장성 기암괴석군 속에 자리하고 있다.

봉정암은 신라 선덕여왕 12년643에 자장율사가 중국 당나라에서 구해 온 석가모니 진신사리를 봉안하기 위해 창건했다고 전한다. 그 후 원효대사667, 보조국사1188, 설정 스님1748 등에 의해 중건이 거듭됐으나 6·25전쟁 때 불타 버렸다. 현재의 건물은 대부분 1980년대 이후에 건립됐으며, 적멸보궁, 종각, 적묵당, 산령각, 요사채 등 네 개 동으로 이뤄져 있다.

자장율사가 당시 가져온 석가모니 진신사리는 우리나라 다섯 군데에 봉안돼 있다고 한다. 봉정암과 오대산 상원사, 양산 통도사, 사자산 법흥사, 태백산 정암사이다. 이 다섯 곳에 봉안된 진신사리를 예배의 대상으로 삼는 다섯 개의 법당이 5대 적멸보궁이다.

봉정암 적멸보궁 뒤편의 거대한 바위는 사람의 형상을 하고 있는데, 그 바위 아랫부분에 '석가사리탑'이란 글씨가 새겨져 있다. 석가사리탑이 당초에는 이 바위 앞에 있었을 것이라는 이야기도 있다.

산사를 오르며 느끼다

제2장

산사의 경계를 넘다

경내에 피는 그 꽃, 매화

삭막하고 추운 겨울을 지나 맞이하는 봄날은 참으로 반갑고 고맙다. 이런 좋은 시절이 곧 지나가 버릴 것을 생각하며, 기운생동하는 따뜻한 봄날만 계속되기를 바라는 마음이 싹트기도 한다.

산속 사찰은 도시에서는 누릴 수 없는 많은 아름다움과 좋은 기운을 지니고 있다. 특히 사계절 철마다 멋진 풍광을 자랑하는 한국의 산사는 자연과 인간의 손길이 어우러져 만들어 내는 각별한 아름다움을 품고 있다.

이른 봄날에는 추운 겨울을 견디다 가장 먼저 탐스럽게 피어나 봄소식을 전하는 매화가 사람들에게 큰 환희의 마음을 선사한다.

유명한 매화 대부분은
산사 안에

요즘은 매화를 어디에서나 쉽게 만날 수 있지만, 매화 애호가들의 사랑을 받는 고매古梅는 오래된 산사에 특히 많다. 화엄사 각황전 앞 홍매, 선암사 고매, 백양사 홍매, 통도사 홍매 등이 해마다 이른 봄이 되면 수많은 이의 발길을 끌어들인다.

다른 많은 매화 애호가도 그렇겠지만, 필자는 화엄사 각황전 앞 홍매를 각별히 좋아한다. 맑으면서도 진한 붉은색 꽃을 피우는 이 홍매는 꽃도 홑꽃으로 아름답고 나무 모양도 준수한 데다 주변의 오래된 한옥인 각황전 및 영산전과 어울려 특별한 아름다움을 선사한다. 이 홍매는 현재의 각황전을 중건할 때 심은 것으로 수령은 300년이 훨씬 넘는다. 사람들이 너무 많이 찾아 호젓하게 즐기기 어렵다는 점이 아쉽기는 하다.

화엄사 부속 암자인 길상암 앞에는 더 오래된 매화나무가 있다. 450년 정도 됐다는 이 백매는 울창한 숲속에서 자라서인지 소박하고 자연스러우며 꽃도 드문드문 피우는, 위를 쳐다보지 않으면 매화나무인지도 모를 자태로 주변의 숲과 어울려 각별한 멋을 선사한다. 천연기념물 제485호로 지정됐으며 화엄매로도 불린다.

선암사에는 오래된 고매들이 특히 많다. 원통전 앞 백매는 수령이 650년 정도 되었는데도 나무 전체가 온전한 형태로 건강한 모습을 자랑하고 있다. 꽃이 매우 성글게 피어 더욱 고귀

구례 화엄사의 각황전 옆 홍매. 붉은 꽃잎 색깔이 맑고 진한 데다 수형도 아름다워 매화 애호가들의 각별한 사랑을 받고 있다.

하게 보인다. 이 옆으로 무우전 돌담을 따라 300년이 넘은 홍매와 백매 20여 그루가 봄만 되면 진하고 맑은 향기를 뿜어낸다. 선암사 어느 스님은 매화나무들이 한창 꽃을 피우면 멀리 떨어진 선암사 입구에만 들어서도 그 향기를 맡을 수 있다고 이야기한 적이 있다.

백양사 홍매는 수령이 350년 정도로 추정되며 담홍색 꽃을 피운다. 1863년에 절을 현재의 위치로 옮겨 지을 때, 100m쯤 떨어진 옛 백양사 터에서 홍매와 백매를 한 그루씩 옮겨 심었는데, 백매는 죽고 홍매만 살아남았다고 한다. 1947년에 백양사

화엄사 원통전에서 바라본 홍매.

고불총림古佛叢林*을 결성하면서 고불매라는 이름으로 부르게 되었다.

양산 통도사의 자장매는 수령 350년의 홍매화로, 1650년을 전후한 시기에 통도사 스님들이 사찰을 창건한 자장율사의 큰 뜻을 기리기 위해 심은 나무라고 전한다. 이 자장매는 다른 산사의 고매보다 먼저 꽃을 피우기 때문에 매화 애호가들의 발길

---

*   총림: 승가 공동체로 교육, 수행 기관을 갖춘 대규모 사찰을 뜻한다.

산사의 경계를 넘다

을 가장 먼저 끌어들이는 주인공이다.

깨달음의 기연奇緣을
선사하는 매화

산사의 고매들은 겨울의 끝자락이나 이른 봄철에 많은 사람에게 큰 기쁨과 행복을 선사한다. 수백 년 전에 매화를 심은 스님들 덕분이다. 스님들은, 불교 수행자들은 왜 매화나무를 심었을까? 매화가 봄소식을 빨리 전해 주는 데다 꽃도 아름답고 향기가 특별히 좋아서 그랬을 수도 있지만, 매화가 그들이 목숨을 걸고 수행하는 목적인 '깨달음'을 얻는 매개체가 되었던 선례를 본받고자 하는 마음도 있지 않았을까 싶다. 어떤 것이든 깨달음의 인연을 가져다줄 수 있지만, 매화는 단순히 봄소식을 일찍 전해 주는 향기로운 꽃에서 그치는 것이 아니라 득도의 기연奇緣을 선사하는 대표적인 꽃이다.

이를 보여 주는 대표적인 시로 무명의 비구니가 지었다는 오도송**〈심춘尋春〉이라는 시가 있다. 중국 송나라 때의 학자 나대경이 지은《학림옥로鶴林玉露》에 실려 있다고 한다.

하루 종일 봄을 찾아다녔지만 봄은 보지 못하고

** 고승들이 부처의 도를 깨닫고 지은 시가.

화엄사 길상암 앞에 있는 화엄매.
천연기념물로 지정되어 있다.

짚신 발로 온 산을 헤매며 구름만 밟고 다녔네.

돌아와 웃으며 매화 가지 집어 향기 맡으니*

봄은 가지 끝에 이미 한창이더라.

盡日尋春不見春

芒鞋踏遍隴頭雲

歸來笑拈梅花臭

春在枝頭已十分

---

* '돌아와 웃으며 매화 가지 집어 향기 맡으니' 대신 '돌아와 우연히 매화나무 밑을
지나는데(歸來偶過梅花下)'라고 소개하기도 한다.

수령 600여 년의 선암사 백매.
선암사 고매 중에서 가장 오래되고 큰 매화나무이다.

　여기서 봄은 아마도 '마음의 봄', 즉 깨달음을 얻어 영원한
행복을 누리는 경지에 이르는 것을 비유한다고 할 수 있을 것이
다. 불교에서 말하는 삼독三毒인 탐욕, 성냄, 어리석음이 사라지
는 경지를 체득하면 영원한 봄을 누리게 될 것이다. 또한 수행
자가 아니라도 봄은, 행복은 멀리 있는 것이 아니라 우리 일상
에 있는 것임을 이야기하고 있다. 클로버밭에서 주위에 널려 있
는 세잎클로버행복는 제쳐 두고, 불행을 가져올지도 모를 네잎
클로버행운를 찾아 헤매는 어리석음에서 벗어나라는 것이다.
　맑은 마음을 유지하는, 일상에서 행복을 누릴 수 있는 힘을

키워 가야 집 안에 핀 매화의 아름다움과 향기를 온전히 누릴 수 있다. 매화를 찾아 험한 산을 헤매는 헛수고를 줄이려면 과욕을 버리고 안분지족하며 하루하루 성실하게 삶을 살아야 하지 않을까. 그것이 지름길이 아닐까 싶다.

매화를 소재로 한 선시 하나를 더 소개한다. 고려 후기의 진각 혜심 스님이 편찬한 《선문염송禪門拈頌》에 나오는 시이다.

서리 바람 땅을 휩싸며 마른 풀뿌리 쓸지만
봄이 벌써 온 걸 그 누가 알리요.
고갯마루 매화만이 그 소식 알리려고
눈 속에서 가지 하나 홀로 피었네.
霜風括地掃枯荄
誰覺東君令已廻
唯有嶺梅先漏洩
一枝獨向雪中開

곳곳에 심어진 배롱나무의 뜻

무더위 속에 짙고 무거운 녹음의 기운이 지배하는 여름철. 배롱나무는 이런 계절에 맑고 붉은 꽃을 흐드러지게 피워 사람들에게 기쁨과 활기를 선사한다. 배롱나무꽃은 꽃이 잘 보이지 않는 여름에 연꽃과 더불어 무더위 때문에 쌓이는 답답함과 무기력을 잠시나마 날려 버리는 고마운 존재로 다가온다.

근래 들어 배롱나무를 가로수나 정원수로 많이 심어 어디서나 쉽게 볼 수 있지만, 예전에는 그렇지 않았다. 서원이나 고택, 정자, 선비들 무덤 그리고 오래된 산사에 가야 붉은 꽃으로 뒤덮인 배롱나무의 풍모를 제대로 느낄 수 있었다. 이런 곳에 가면 오래전에 심은 배롱나무들이 여름철 내내 풍성하게 피워 내는 붉은 꽃의 강렬한 아름다움과 멋진 자태가 보는 이를 혹하게

한다. 이런 배롱나무를 탐방하며 즐거움을 누리는 것도 하나의
멋진 피서 방법이 될 것이다.

산사에는
배롱나무 고목이 자라고

강진 백련사에 가면 보기 드
물게 크고 멋진 수형을 자랑
하는 배롱나무를 만날 수 있다. 누각인 만경루 앞에 있다. 어디
서 보나 멋진 자태를 보이는 이 나무는 수령이 200년은 된 듯
하다. 여름이면 붉은 꽃을 수놓은 커다란 양산처럼 보인다. 주
변에서 감상하고 나무 아래 앉아서 즐기는 것도 좋지만, 만경
루 위에서 보면 더욱 멋지다. 누각 아래를 통과해 계단을 올라
뒤돌아서면 조선의 명필 원교 이광사가 쓴 독특한 글씨의 '만경
루萬景樓' 편액이 눈에 들어온다. 이 편액을 감상한 뒤 시원한 누
각 마루에 올라 강진 앞바다를 배경으로 이 배롱나무를 감상하
는 맛은 각별하다. 이만한 풍광을 어디서 누릴 수 있을까 싶다.
백련사에는 이 배롱나무와 함께 대웅보전 옆, 명부전 앞에 각각
한 그루씩 배롱나무가 더 있다.

밀양의 표충사에도 배롱나무가 많다. 곳곳에 있는 백 년 또
는 200년 정도 되어 보이는 배롱나무 10여 그루가 한여름 산사
를 붉게 물들이며 별천지로 만든다. 일주문을 지나 참나무 숲길
이 끝나는 곳에서 만나는 누각 아래를 지나면, 눈앞에 나타나는

승주 선암사 적묵당 앞의 배롱나무 두 그루. 이 배롱나무는 백 년 전 옆에 있던 못을 메우고 건물을 지을 때 건물터에 들어가지 않아 살아남았다고 한다.

배롱나무가 탄성을 지르게 한다. 2019년 여름 표충사를 찾았다. 붉은 꽃을 피운 배롱나무 두 그루가 가지를 늘어뜨려 사천왕문으로 오르는 계단 양쪽에서 방문객들을 맞이하고 있었다. 사천왕문을 지나면 불국사 석가탑을 닮은 삼층석탑이 서 있는 넓은 마당이 나온다. 석탑 주위에 매화나무 고목 한 그루와 배롱나무 여섯 그루가 각기 다른 자태를 뽐냈다. 관음전 뒤에도 한 그루의 배롱나무가 녹음 속에 붉은 꽃을 활짝 피우고 있었다.

조계산 선암사와 송광사에도 배롱나무를 보러 갔다. 선암사에도 배롱나무 고목들이 곳곳에 있었다. 일주문에 들어서니 키가 큰 배롱나무 두 그루가 붉은 꽃을 피웠고, 범종루를 통과하니 유명한 선암사 뒷간으로 가는 길옆 붉은 '꽃동산' 두 개가 눈

밀양 표충사 삼층석탑 주위의 배롱나무.

을 사로잡았다. 커다란 배롱나무 두 그루가 꽃을 한창 피우고
있었던 것이다. 가장 멋진 배롱나무는 적묵당 마당에 있었다. 두
그루의 배롱나무가 적묵당 앞 양쪽에 서 있었는데, 붉은 꽃이
흐드러지게 핀 배롱나무들에 파묻힌 적묵당 주인이 부럽다는
생각이 들었다. 잠시 둘러보다 오른쪽으로 눈길을 돌리니 삼성
각 옆의 배롱나무가 또 눈에 들어왔다.

　송광사 역시 고찰답게 배롱나무가 많다. 일주문을 지나 계
곡을 건너는 다리인 능허교 위의 우화각을 지나니, 양쪽에 서
있는 두 그루의 배롱나무가 맞이했다. 다시 종고루 아래를 지나
대웅전 앞 넓은 마당에 올라서자 이곳저곳에 붉은 꽃을 활짝 피
운 배롱나무들이 시선을 끌었다. 승보전 옆, 지장전 옆, 관음전
앞, 보조국사 감로탑 주위 등에 오래된 배롱나무들이 꽃을 피

순천 송광사 지장전 옆에 있는 배롱나무. 송광사는 여름이면 이 배롱나무를 비롯해 곳곳의 오래된 배롱나무 10여 그루가 꽃을 피워 산사를 붉게 수놓는다.

위 넓은 산사 경내 곳곳을 아름답게 수놓았다. 특히 선원 뒤편에 있는 배롱나무가 꽃을 왕성하게 피워 마음이 흡족했다.

대부분의 고찰에는 이처럼 배롱나무 고목들이 많이 있다. 부처에 대한 꽃 공양을 목적으로 대웅전 앞 양쪽에 심었다는 수령 200년 또는 300년 정도의 고창 선운사 배롱나무를 비롯해 김제 금산사, 김천 직지사, 양산 통도사, 구례 화엄사, 하동 쌍계사, 장성 백양사, 서산 개심사의 배롱나무도 유명하다. 계룡산 신원사에도 아주 오래된 배롱나무 고목이 있고, 영동 반야사에는 500년이 넘었다는 배롱나무가 있다.

산사에
배롱나무를 심은 이유

배롱나무는 백 일 동안 붉은 꽃을 피운다 하여 백일홍이라 불렸다. 백일홍이 '배길홍'으로 바뀌고, 이것은 다시 '배기롱'을 거쳐 '배롱'으로 변해 배롱나무가 된 것이라고 한다. 국화과의 한해살이풀인 백일홍과 구별해 '목백일홍'으로도 부른다. 나무줄기는 매끈하고 껍질이 자주 벗겨진다. 꽃은 7~9월에 피고, 부귀영화를 상징한다. 꽃은 대개 붉은색이지만, 보라색 꽃과 흰색 꽃을 피우는 나무도 있다. 중국에서는 간지럼 타는 나무라는 뜻으로 파양수怕癢樹라 하고, 일본에서는 나무를 잘 타는 원숭이조차 미끄러지는 나무라는 뜻으로 사루스베리猿滑라고 한다.

중국 당나라의 현종은 배롱나무를 양귀비보다 더 사랑했다고 하고, 1910년 경술국치를 당하자 절명시絶命詩 네 편을 남기고 음독 순국한 매천 황현은 "아침이고 저녁이고 / 천 번을 보고 보아도 싫증이 나지 않는다."고 읊으며 이 꽃을 특히 사랑했다.

배롱나무에는 가슴 아픈 사랑의 전설도 서려 있다. 옛날 어느 어촌에 머리가 셋 달린 이무기가 살았다. 이무기는 해마다 마을에 내려와 처녀를 한 명씩 제물로 잡아갔다. 어느 해는 제물로 바쳐질 처녀를 연모하는 한 청년이 대신하겠다고 나섰다. 청년은 여인의 옷을 입고 제단에 앉아 이무기가 나타나기를 기다렸다. 이무기가 나타나자 청년은 준비한 칼로 이무기의 목 둘

을 베었으나 하나는 자르지 못했다. 이무기는 그대로 도망쳐 버렸다. 처녀는 청년의 용감함과 사랑에 반해 목숨을 구해 준 은혜에 보답하고자 평생 반려자로서 함께하자고 했다.

그러나 청년은 이무기의 나머지 목을 마저 베어야 한다며 배를 타고 이무기를 찾아 나섰다. 떠나면서 "이무기 목을 베는 데 성공하면 하얀 깃발을 내걸 것이고, 실패하면 붉은 깃발을 걸겠소."라고 말했다. 처녀는 청년이 떠난 후 매일 빌면서 청년이 무사히 돌아오기를 기다렸다. 백 일이 되는 날, 멀리서 청년의 배가 모습을 보였는데 불행히도 붉은 깃발을 걸고 있었다. 처녀는 청년이 이무기에게 당해 죽었다고 생각하고 자결하고 말았다. 그런데 그 깃발은 이무기가 죽으면서 내뿜은 피로 붉게 물든 것이었다. 사정을 알게 된 청년은 자신의 잘못을 통탄하며 처녀의 시신을 양지바른 곳에 묻어 주었다. 이듬해 그 무덤에서 곱고 매끈한 나무 한 그루가 자라나 백 일 동안 붉게 꽃을 피웠다.

이런 배롱나무를 사찰에 심는 뜻은 출가한 수행자들이 해마다 껍질을 벗는 배롱나무처럼 세속적 욕망과 번뇌를 벗어 버리고 수행에 전념하라는 의미라고 한다. 수행자의 자세를 잃지 않도록 하는 경계의 방편으로 삼으라는 것이다.

배롱나무는 여름철에 사찰을 붉게 수놓으며 스님들뿐만 아니라 산사를 찾는 사람들에게 각별한 아름다움과 가르침을 주는 존재가 되었다. 산사 곳곳의 배롱나무들은 백 년 후, 500년 후가 되면 그 사찰의 어떤 스님보다 더 큰 '법력'을 보이며 사찰을 찾는 사람들에게 큰 기쁨과 복을 선물하리란 생각이 든다.

최고의 배롱나무를 찾아서

오래된 산사 중 배롱나무가 없는 곳은 거의 없는 것 같다. 100~200년 정도 된 나무부터 500년 이상 된 나무에 이르기까지 다양하다. 이런 배롱나무는 산사에 아름다움을 더하고 사람들에게 기쁨을 선사하는 소중한 존재다. 그러나 이런 존재이지만 배롱나무에 대한 사찰의 관심은 부족한 듯하다. 오래된 배롱나무가 있어도 사찰이 그 수령을 파악하고 있는 경우는 거의 없다. 물론 안내 표지도 없다. 오래된 배롱나무가 있는 여러 산사를 돌아보며 확인하려 했지만, 답을 주는 이를 찾기가 어려웠다.

모든 사찰을 찾아가지는 않았지만, 이번에 산사 배롱나무를 취재하며 많은 배롱나무 중 유일하게 보호수로 지정하고 수령을 추산해 놓은 배롱나무를 만날 수 있었다. 영동의 백화산 반

충북 영동 백화산에 있는 반야사 배롱나무. 그동안 본 산사 배롱나무 중 최고로 멋진
배롱나무이다. 1994년에 수령 500년의 보호수로 지정됐다.

야사에 있는 배롱나무다. 그동안 직접 본 배롱나무 중 단연 최
고였다.

산사 배롱나무 중
최고

8월 15일에 대구를 출발, 500년이 넘
은 배롱나무가 있다는 반야사를 찾아
갔다. 처음 가는 사찰이었다. 도중에 비가 내렸으나 비에 젖은

배롱나무가 더 아름다울 것이라고 위안하며 달려갔다. 고속도로를 벗어나 반야사가 가까워지자 수려한 산세와 하천이 눈에 들어와 무더위를 잊게 했다. 그곳에는 비가 내리지 않았다. 반야사 앞으로는 백화산_{지장산}에서 흘러내리는 석천의 물줄기가 휘돌아 가고 있다.

반야사에 도착하니 사람이 많았다. 작은 사찰이었다. 대웅전과 극락전이 있고 몇 채의 다른 건물이 있는 정도였다. 반야사 마당에 들어서자 멀리 보이는 배롱나무가 바로 눈길을 사로잡았다. 배롱나무는 규모도 크고 모양도 좋으며, 꽃도 풍성하게 핀 상태였다. 극락전 앞에 두 그루가 적당한 거리를 두고 서 있었다. 멀리서 보면 한 나무로 보였다. 극락전은 대웅전이 새로 건립되기 전에는 중심 법당이었는데, 세 칸짜리 작은 법당을 배롱나무가 완전히 가리고 있었다. 배롱나무 앞에는 보물 제1371호인 작은 삼층석탑이 서 있다. 사찰의 주인공은 단연 이 배롱나무들이었다. 꽃을 피우지 않을 때도 그럴 것 같다.

이 두 그루 배롱나무는 산사 배롱나무로는 보기 드물게 보호수_{영동군수 지정}로 지정돼 있다. 1994년에 지정한 것인데, 안내판에 당시 수령은 500년이고, 높이는 8m와 7m, 흉고직경은 1.5m와 1.2m라고 기록돼 있다. 반야사 배롱나무는 사찰 옆 산자락의 호랑이 모양 돌무더기와 함께 오래전부터 반야사를 대표하는 명물이었다.

배롱나무 근처에서 다양한 포즈로 사진 찍는 사람들이 줄을

나무 아래도 붉은 꽃으로 수를 놓은 반야사 배롱나무.

이었다. 사진작가로 보이는 이들도 보였다. 조금 있으니 부슬비
가 내리기 시작했다. 꽃이 떨어진 배롱나무 밑은 붉은색의 고운
비단을 깔아 놓은 듯했다. 사람들이 혹할 수밖에 없는 풍경이었
다. 보슬비로 촉촉하게 젖으니 색깔은 더 고와졌다. 극락전 앞에
앉아 배롱나무를 하염없이 바라보는 이도 있었다.

　사람들이 끊이지 않아 근처 절벽 위에 자리한 문수전으로
먼저 향했다. 다녀오니 사람들이 많이 줄어들었다. 다시 이리저
리 둘러보며 배롱나무를 감상했다.

한 스님이 지나가기에 잠시 배롱나무에 대해 물어봤다. 스님은 친절하게 이런저런 이야기를 들려주었다. 조선 시대 무학대사가 가지고 다니던 배롱나무 지팡이를 이곳에 꽂아 두었는데, 이것이 나중에 둘로 나뉘어서 자랐다는, 그야말로 전설 같은 이야기였다. 그런데 이 전설이 신빙성이 있으려면 수령이 백 년은 더 늘어나야 한다. 무학대사는 1405년에 별세했으니, 죽은 해에 심었다 해도 600년이 훨씬 지난 때의 일이다.

스님은 또 이 배롱나무는 오래전부터 사진작가들에게 많이 알려져서 여름이 되면 해마다 수많은 전화가 걸려 오는지라 성가실 때가 많았다고 이야기했다. 꽃이 만발했는지, 언제 절정이 되는지, 언제 가면 좋은 사진을 찍을 수 있는지 등을 물었는데, 요즘은 인터넷이 발달해 예전만큼은 전화가 오지는 않는다고 했다. 70여 년 전에 관음전에 관음보살이 현신했는데, 당시 한참 동안 배롱나무 위에 머물다 사라졌다는 이야기를 할머니 신자들이 들려줬다는 말도 했다.

또 다른 대표 고목
신원사 배롱나무
계룡산 신원사 배롱나무도 오래된 고목으로 많이 알려져 있다. 충청남도 공주시 계룡면 양화리에 있는 신원사는 작은 사찰이다. 651년 열반종의 개산조 보덕이 창건했고, 신라 말기에 도선이 이곳을

계룡산 신원사 대웅전과 독성각 사이에 있는 배롱나무.
이 나무도 보기 드물게 오래된 산사 배롱나무이다.

지나다가 법당만 남아 있던 절을 중창했다고 한다. 그 후 1298
년 중건, 1394년 무학대사의 중창, 1866년 중수 등을 거쳐 오늘
에 이르렀다. 역사는 이처럼 오래되었으나 규모는 크지 않다. 대
웅전, 영원전, 독성각 등 몇 채의 전각이 있을 뿐이다.

　이 신원사 대웅전 양옆에 두 그루의 배롱나무가 있는데, 독
성각과 대웅전 사이의 배롱나무가 보기 드물게 오래된 고목이
다. 이 배롱나무는 8월 22일에 찾아갔다. 붉은 꽃을 한창 피우고
있었다. 일부 가지는 말라 버린 상태였지만, 전체적으로 건강한

자태였다. 하나의 몸통 줄기를 가진 나무였는데, 두 팔로 안으니 한 아름이나 되는 굵기였다. 필자의 한 아름은 1.6m 정도다.

인터넷을 찾아보니 수령이 600년 정도 된 나무라는 내용이 있어, 근거가 있는지 직접 확인해 보기도 할 겸 신원사를 찾아간 것이었으나 신원사 종무소 관계자나 스님들 중 아무도 아는 사람이 없었다.

그런데 이 배롱나무는 반야사 배롱나무와 비교하면 굵기가 좀 가늘다. 반야사 배롱나무는 한 아름이 훨씬 넘는데, 이 배롱나무는 딱 한 아름 굵기였다. 단순히 굵기만으로 비교할 수는 없지만, 보호수로 지정된 서원 등지의 배롱나무 고목의 경우를 참고해 추정한다면 400년 정도 되어 보였다.

산사의 배롱나무로는 반야사의 두 그루 배롱나무와 이 배롱나무를 대표적 산사 배롱나무 고목으로 꼽을 수 있을 것 같다. 지금부터라도 사찰들이 산사의 배롱나무들 수령을 측정하거나 추산해 기록을 남기고 잘 키워 나가면 좋겠다.

발밑을 살펴 걸으라는 말씀, 조고각하

몇 년 전 중국 산시성에 있는 화산華山을 등산한 적이 있다. 중국의 오악五嶽* 중 하나에 속하는 명산으로, 다섯 산 중 가장 험준한 바위산으로 유명하다. 산 아래에서 정상까지 가파른 절벽과 산줄기를 따라 바위를 깎아 만든 계단 길과 사다리 길, 잔도 등이 이어진다. 이 길들은 대부분 좁고 아찔한 낭떠러지에 있어 가만히 서 있기만 해도 심장이 두근거린다. 심장이 멎을 것 같은 공포가 엄습하는 곳도 많다. 물론 주변 풍경은 입이 다물어지지 않을 정도로 절경이다.

---

* 중국의 이름난 다섯 산으로 동의 타이산(泰山), 서의 화산(華山), 남의 헝산(衡山), 북의 헝산(恒山), 중앙의 쑹산(崇山)을 총칭한다.

산사의 경계를 넘다

이런 길을 따라 화산의 다섯 주봉 중 가장 높은 남봉을 비롯해 여러 봉우리를 오르내렸다. 다리가 후들거리는 두려움 속에서도 발 디디는 곳을 잘 살펴 무사히 등산을 마칠 수 있었다. 마음속 두려움을 떨칠 수 있었다면 절경을 훨씬 더 편안하게 감상할 수 있었을 것이다.

발밑의
두려움에 떨다

이 화산이 얼마나 험준하고 아찔한지 잘 알게 하는 일화가 있다. '한퇴지투서처韓退之投書處'에 관련된 이야기다.

한퇴지투서처는 화산의 많은 등산로 중 '창룡령蒼龍嶺'이라는 곳에 있다. 검푸른 용의 등줄기를 닮았다 하여 창룡령이라 불리는, 칼등 같은 가파른 절벽 능선 위의 길이다. 경사도가 40도 정도 되며 530개의 돌계단이 이어진다. 이 길도 걸어 내려왔는데, 누구나 심장이 쿵쾅거리고 정신이 아득해지는 두려움을 느끼는 길이다.

당나라 최고 문장가였던 한유가 화산에 올라 하산하는 길에 이 창룡령에 이르게 되었다. 당시에는 계단이나 난간도 없었다. 하늘에 닿을 듯한 바위 봉우리가 상하 수직으로 드리워졌고, 바위산의 능선은 칼날과 같았다. 좌우 낭떠러지의 골짜기가 천 길이나 되고 바람이 불지 않아도 굴러떨어질 것 같았다. 그는 한

동해안 절벽 위에 자리한 양양 낙산사 홍련암.
이 암자로 가는 길 초입에도 '조고각하' 팻말이 서 있다.

발짝도 나아갈 수 없었다. 공포에 휩쓸린 한유는 결국 방성대곡
했다. 그리고 절망 속에 붓과 종이를 꺼내 유서와 구원 요청서
를 써서 절벽 아래로 던졌다. 마침 약초 캐는 사람이 있어 그를
발견하여 구했는데 한유가 너무나 심한 두려움에 떨어 술을 먹
여 취하게 한 후에야 데리고 내려갈 수 있었다고 한다.

후세인들은 이 일을 기념해 암벽 한 곳에 '한퇴지투서처'라
는 글귀를 새겼다. '퇴지'는 한유의 자다. 지금도 이 글씨는 남아
있다.

이 이야기는 극단적인 사례지만, 험한 길을 걸을 때는 정신을 바짝 차리고 발아래를 잘 살펴야 한다. 그렇지 않으면 사고를 당할 수도 있고 위험한 실수를 할지도 모르기 때문이다.

사찰에 가면 만나는
글귀 '조고각하'

'조고각하照顧脚下'라는 말이 있다. '다리 아래를 잘 살펴라'라는 의미의 이 글귀는 사찰에 가면 종종 볼 수 있다. 법당과 선방 앞, 스님들의 처소나 외부인이 머무는 곳의 섬돌 위 마루 등에 이 글귀를 붙여 놓고 있다. 해남 달마산 미황사의 경우, 대웅보전 옆에 있는, 외부 손님들이 머물며 사용하는 세심당 건물의 섬돌 위 마루 몇 군데에 이 글귀를 붙여 놓았다. 동해안 절벽 위에 있는 양양 낙산사의 홍련암 가는 길 초입에도 이 글귀를 담은 소박한 팻말이 하나 서 있다.

'조고각하'라는 글귀가 유래된 일화는 선어록인《종문무고宗門武庫》와《오가정종찬五家正宗贊》에 나온다.

오조산에 주석한 오조 법연선사에게는 뛰어난 제자 세 명이 있었다. 불감 혜근, 불안 청원, 불과 극근이다. 사람들은 이 세 사람을 삼불三佛이라고 불렀다.

법연이 어느 날 이 세 명의 제자와 함께 어디를 좀 갔다가

해남 미황사의 세심당 건물 섬돌 위에 붙여 놓은 '조고각하' 글귀.

밤늦게 돌아오는 길이었다. 갑자기 바람이 세차게 불어 들고 있
던 등불이 꺼지고 말았다. 어둠을 밝혀 주던 등불이 꺼지자 칠
흑같이 캄캄해서 앞뒤를 분간할 수가 없게 되고 만 것이다. 이
때 스승인 법연이 물었다.

"그대들은 이 순간 어떻게 해야 할 것인지 말해 보라."

먼저 혜근이 대답했다.

"붉은 봉황새가 저녁노을이 붉게 물든 하늘에서 춤을 춥니
다彩鳳舞丹霄."

산사의 경계를 넘다

청원은 "쇠 뱀이 옛길에 누웠습니다鐵蛇橫古路."라고 대답했다.

마지막으로 극근이 말했다.

"다리 아래를 살피십시오照顧脚下 또는 看脚下."

그러자 법연은 "우리 종문을 망칠 놈은 극근이다."라고 말했다.

스승인 법연선사의 물음에 각자 견해를 피력한 것이다. 세 제자는 각기 자신의 경지에서 답했고, 법연은 '다리 아래를 살피라.'라고 답한 극근을 '우리 종문을 망칠 놈'이라며 특별히 칭찬한 것이다. 이 세 번째 제자 극근은 '종문제일서宗門第一書'라고 칭송받는《벽암록 碧巖錄 》*을 지은 원오 극근선사로 잘 알려져 있다.

이 일화에서 유래된 '조고각하'라는 글귀는 쉬우면서도 도道라는 것이 무엇인지, 수행자가 어떠한 마음으로 살아야 하는지에 대한 요체를 잘 담고 있다. 그래서 이후 수많은 선 수행자들의 사이에 회자되면서 유명해지게 되었다.

항상 맑은 정신으로
살라는 가르침

이 글귀는 단순히 발아래를 살펴서 신발을 잘 신고 벗을 것을 주문하는 데 그치는 것이 아니다. 유혹이 난무하는 혼탁한 세상에

---

* 선사인 설두 중현이 백 개의 공안(公案)을 선정하여 게송을 붙인《송고백칙(頌古百則)》을 송나라 때 원오 극근이 다시 하나하나에 수시(垂示), 평창(評唱) 등을 덧붙인 책이다.

서울 길상사 진영각. 법정 스님 영정이 모셔진 이곳 마루에도 '조고각하' 글귀가 붙어 있다.
스님이 평소 자주 인용하며 강조했던 글귀다.

휩쓸려 불행한 삶을 살지 말고 맑은 정신으로 살 수 있도록, 언
제나 자신이 뭘 어떻게 하고 있는지 잘 살피라고 이야기하고 있
다. 육체적인 다리만 아니라 '마음의 다리'도 잘 디디고 있는지
살피라는 것이다.

사람들은 대부분 행복은 즐거운 감정과 동일시하고, 고통은
불쾌하거나 나쁜 감정과 동일시한다. 그래서 점점 더 많은 쾌락
을 추구하고, 고통은 피하려고 한다. 그러나 불교의 가르침은
번뇌의 근원이 고통이나 슬픔 자체에 있지 않고, 이 같은 일시

적인 감정에서 벗어나지 못하는 데 있다고 말한다. 번뇌에서 벗어나는 길은 이 모든 감정이 영원하지 않음을 깨닫고 이에 대한 갈망을 멈추는 데 있다는 것이다. 그런 마음에서 오는 즐거움과 행복은 차원이 다르다.

이런 진정한 즐거움에 이르기 위해서는 항상 '조고각하'의 마음을 놓치지 않아야 한다. 불이 꺼져 캄캄해졌는데, 발아래는 잘 살피지 않고 당황하며 두려움에 빠져 있는 꼴이 아닌지 돌아보며 살 일이다.

마음을 살피는 글귀가 꼭 '조고각하'여야 하는 것은 아니다. 옛날 선비들은 '경敬' 자를 거처에 크게 써 붙여 놓고 마음을 챙겼다. 글귀가 아니라도 좋다. 무엇이든 맑은 정신으로 돌아가게 하는 수단을 한 가지씩 가지고 일상생활 속에서 순간순간 양심을 자각하며 살아가는 것이 진정한 행복으로 나아가는 길임을 이야기하는 것이 '조고각하'다. 점점 극단으로 흐르는 사람이 늘고, 자신의 주장과 이념, 지식에서 빠져나오지 못하는 지식인이 많아지는 것도 '조고각하'를 하지 않기 때문일 것이다.

가장 파격적인 탑

천 개의 석불과 천 개의 석탑이 있던 절이라 해서 '천불천탑千佛千塔'의 사찰로 통하는 운주사. 운주사는 전남 화순군 도암면에 있는 천불산의 남북 방향으로 뻗은 두 산등성이 사이에 자리하고 있다. 양쪽에 흘러내리는 낮은 산등성이의 비탈과 골짜기 여기저기에 석불과 석탑이 서 있다. 현재 사찰 경내에는 석탑 21기, 석불 93좌가 남아 있다.

여러 가지 점에서 신비스러운 사찰인 운주사의 석탑·석불 건립 배경이나 연대에 대해서는 다양한 전설과 견해가 있다. 영암 출신으로 통일신라 말기 선승인 도선국사는 우리나라의 지형을 배로 보고, 선복船腹에 해당하는 호남이 영남보다 산이 적어 배가 한쪽으로 기울 것으로 보았다. 그래서 그것을 막기 위해 이곳에 천불천탑을 스물네 시간만에 도력으로 조성해 운주사를 창건했다고 한다. 대표적인 전설이다.

1979년과 1984년에 실시된 운주사터 발굴 조사 결과, '순치8년順治八年', '운주사환은雲住寺丸恩'이라는 글자가 새겨진 기와 조각이 발견되면서 사찰의 이름이 '운주사運舟寺'뿐 아니라 '운주사雲住寺'로도 불렸음이 확인되었다.

미륵 혁명 사상을 믿는 천민들과 노비들이 들어와 천불천탑과 사찰을 건립해 미륵 공동체 사회를 만들었다는 주장도 있다.

운주사 석탑들은 양식적으로 보면 대부분 고려 중기 이후에 건립된 것이라는 것이 전문가들의 판단이다.

가장 파격적인
석탑

운주사는 일부러 찾아가지 않으면 보이지 않는, 야트막한 산야 지대의 깊숙한 계곡에 자리하고 있다. 천왕문이나 금강문 등이 없는 이 운주사는 산문을 지나 안쪽으로 조금 들어가면 바로 별세계가 펼쳐진다. 해발 200m의 천불산 계곡 안쪽으로 길게 펼쳐진 협곡의 평평한 잔디밭 중앙으로 석탑들이 이어진다. 평지 옆 암벽 곳곳에는 석불들이 늘어서서 반대편 산등성이를 바라보고 있다.

석탑들은 대부분 사찰에서 보는 일반적 석탑들과는 확연히 다른 모습이다. 각기 이색적인 모양에다 탑에 새겨진 문양들도

우리나라 불교 석탑 중 가장 파격적
이고 이색적인 탑으로 손꼽히는 운
주사 발형다층석탑. 발우탑, 주판알
탑, 물동이탑 등으로 불린다.

신기하다. 눈길을 들어 멀리 양쪽의 산등성이를 바라보면 곳곳
에 석탑과 불상이 눈에 들어온다.

대웅전이 있는 안쪽으로 들어가면 하나씩 다가오는 석탑과
석불 등이 더욱 눈길을 사로잡는다.

운주사의 많은 석탑 중에서도 탑에 대한 일반의 상식을 완
전히 깨뜨리는 파격적인 석탑이 있다. 발형다층석탑鉢形多層石塔
이라는 탑이다. 이 석탑은 운주사를 대충 둘러보면 놓칠 수도
있다. 대웅전 뒤로 좀 더 올라가야 하는 곳에 외따로 자리하고

있기 때문이다.

탑은 대웅전에서 불사바위공사바위로 올라가는 길가에 자리하고 있다. 불사바위는 도선국사가 운주사의 천불천탑을 쌓을 때 이 바위 위에서 공사를 지휘하고 감독했다고 해서 붙여진 이름이다. 이곳에 서면 석탑과 석불들이 죽 늘어서 있는 협곡은 물론 산등성이의 석탑들도 한눈에 들어온다.

잔디밭 위에 홀로 서 있는 이 발형다층석탑은 구성 형식이나 모습에서 그 유래를 찾아볼 수 없는 이색적인 탑이다. 지금까지 불교가 전래된 나라에서 이와 같은 탑 형식은 발견되지 않았다고 한다. 고려 시대에 이르러 많이 나타난 특이한 석탑 가운데에서도 가장 파격적인 탑으로 꼽힌다.

석탑은 맨 아래 사각형의 지대석 윗면에 세 단의 사각형 받침면을 다듬고, 그 위에 길쭉한 네 개의 판석으로 짜인 단층 기단을 놓았다. 기단 위의 납작한 덮개돌 갑석甲石은 낙수면이 완만하게 기울어진 원형의 판석을 얹었다. 그 위에 주판알 모양으로 다듬은 원구형 바위 네 개를 쌓아 올렸다. 그래서 일반적인 석탑 형식과 달리 탑신과 옥개석의 구별이 없다.

승려가 사용하는 식기인 발우鉢盂 모양의 둥근 돌을 중첩시킨 것이어서 발형鉢形 석탑이라고 하고, 발우바루탑이라고도 부른다. 석탑의 둥근 돌 중에는 물동이 모양과 비슷한 것도 있고, 주판알을 닮은 것도 있다.

그래서 이 기발하면서도 파격적인 이 석탑의 모양을 보고 사람들은 시루탑, 바루탑, 물동이탑, 또아리탑, 주판알탑 등으로 불렀다.

이 탑은 7층이었으나 현재는 4층까지만 남아 있다. 일제 강점기인 1917년에 발간한 〈조선고적도보朝鮮古蹟圖譜〉의 사진을 보면 발우 모양 돌덩이가 일곱 개임이 확인된다. 크기가 1~4층까지는 위로 갈수록 줄어들었으나, 5~6층은 오히려 3~4층보다 더 크고 약간 휘어진 모습이다. 1990년의 종합학술조사 당시에 약사전 터로 추정되는 마애불 옆 건물지에서 5층이나 6층 탑재로 보이는 원구형 석재가 발견되었다고 한다.

완성도가 높지 않은 탑이라는 전문가의 평가를 받고 있으나, 일반인이 보기에는 매우 흥미로운 탑이 아닐 수 없다.

원형다층석탑도

대표적 이형 석탑　　　운주사의 또 다른 대표적 이형異型 석탑으로 원형다층석탑이 있다. 대웅전으로 향하는 골짜기 평지 위에 다른 탑이나 석조불감과 함께 서 있다. 이 탑은 보물 제798호로 지정됐다. 연화탑, 떡탑 등으로 불린다. 바닥에서 탑 꼭대기까지 모두 둥근 모습을 한 탑이다. 현재는 6층이나 그 위로 몇 층이 더 있었는지 모른다. 높이는 약 6m.

이 탑도 일반적인 석탑과는 전혀 다른, 특이한 모습이다. 받

운주사 원형다층석탑. 이 탑도 대표적 이형 석탑이다.

침돌은 2단으로 된 원형의 바닥돌 위에 자리하고 있는데, 각진 모양으로 다듬은 돌들을 조립했다. 그 위에는 꽃잎이 위로 향한 연꽃들을 새긴 덮개돌이 올려져 있다. 탑신부의 몸돌과 지붕돌은 단면이 모두 원형이다.

1층 몸돌은 두 줄의 선이 오목새김으로 장식되었고, 2층 이상의 몸돌에는 한 줄의 선만 새겨져 있다. 지붕돌은 위로 올라갈수록 원형의 지름이 작아지지만, 일정하게 줄어든 것은 아니다. 그리고 받침돌의 덮개돌은 윗면이 평평하고 밑면은 둥근 데 반해, 지붕돌은 이와는 반대로 밑면이 평평하고 윗면이 둥글다.

입구 쪽에서 바라본 운주사 풍경.

이 석탑도 전체적인 구성이나 조형 측면에서 우리나라에서
는 그 사례가 매우 드문 석탑이다. 고려 시대에 각 지방에서 나
타난 특이한 양식이 반영된 석탑이라고 한다.

운주사는 이처럼 고정관념이나 상식을 뛰어넘는 파격의 미
학을 통해 인식의 지평을 넓혀 주는, 소중한 문화재들이 즐비한
산사이다. 운주사 최대의 미스터리로 꼽히는 13m 길이의 누워
있는 돌부처 와불臥佛, 북두칠성 모양으로 배열해 놓은 거대한
칠성 석판바위 등이 언제나 그 자리에서 사람들이 찾아오기를
기다리고 있다.

산사의 경계를 넘다

모두가 한 몸, 세계일화

코로나19 팬데믹도 인간의 탐욕과 어리석음을 잘 보여 주는 일이다. 전문가들은 인간의 이기심과 탐욕으로 인한 환경오염, 생태계 파괴가 코로나19의 원인이라고 판단한다. 프란치스코 교황도 "팬데믹은 기후변화를 무시한 인간에 대한 자연의 경고"라고 말했다.

불교 경전이나 인도 설화에 나오는 공명조共命鳥·비익조比翼鳥 이야기가 있다. 공명조는 몸 하나에 머리가 둘 달린 새다. 한쪽이 자면 다른 한쪽은 밤새 지켜 주는데, 하루는 깨어 있던 머리가 맛있는 열매를 혼자 먹었다. 다른 쪽 머리는 자신이 먹지도 않았는데 포만감을 느끼자, 분한 마음에 열매를 먹은 머리가 잠든 사이에 독이 든 열매를 삼켜 버렸다. 공명조는 결국 목숨을 잃었다. 비익조는 암컷과 수컷이 눈과 날개가 각기 하나씩으로, 서로 짝을 이뤄 협조하지 않으면 날지도 못한다.

이 두 새의 존재는 자기만 위하고 남을 생각하지 않으면 결국 공멸하게 된다는 가르침을 일깨우고 있다. 어리석게 공생 관계임을 망각한 채 이기적으로 생각하고 행동하면 결국 함께 피해를 보고 멸망하게 됨을 경고한다.

인간과 자연은 한 마리 공명조와 같은 것이다. 이런 이치를 망각하면 공멸하게 됨은 자명한 일이다. 너와 나, 부자와 빈자, 내국인과 외국인, 소수자와 다수자 사이도 마찬가지로 공명조와 다름없다. 지구촌 구성원들이 코로나19 사태를 겪으며 이것을 확실히 깨닫고 인식을 바꾸게 된다면, 코로나19로 치른 고난과 희생이 결코 무의미하지 않을 것이다.

만공 스님의
세계일화 불가에 '세계일화世界一花'라는 말이 있다.

우리나라 근대의 대표적 선지식 만공 스님 1871~1946도 이 말과 관련된 일화를 남겼다. 그의 마지막 시자侍者이기도 했던 원담 스님1926~2008이 어느 날 다음과 같은 법문을 했다고 한다. 원담 스님은 예산 수덕사 덕숭총림 방장을 지낸 선사이다. 해방된 다음 날 있었던 일이다.

예산 수덕사 청련당에 걸려 있는 '세계일화' 현판(위).
글씨는 만공 스님이 우리나라가 해방되던 해에 무궁화꽃으로 썼다.
아래는 석재 서병오 글씨 편액 '세계일화'.

만공 노스님께서 "우리나라가 해방되고 일본 왕이 드디어 손을 들었습니다." 하는 기별을 듣고서 "그래, 그러냐?" 그러고서는 나를 데리고 큰 절로 내려오셨어. 그때까지 큰 절수덕사 대중들은 그 소식을 몰랐어.

그땐 라디오도 없어서 아무도 몰랐는데, 한용운 스님 아들이 와서 그 얘기를 해 주더라고. 땅바닥이 보이지 않을 적에 기별이 와서 그 얘기를 듣고서는, 이 양반이 그렇게 좋아하는 기분도 아니고 덤덤하신 거동으로 큰 절로 내려가자고 하셔. 큰 절로 내려가서 대중들에게 알려 주고자 따라 내려오는데,

정혜사 후원 모래밭 위에 하얀 무궁화꽃이 떨어져 있어. 무궁화가 질 때는 오므려져서 떨어지는데, 꽃이 붓털처럼 생겨서 동그랗게 떨어져 있어. 노스님이 그것을 주워 가지고는 견성암 누각으로 갔어.

거기가 널찍하니 좋아. 거기서 먹을 갈라고 하셔서 먹을 갈았지. 종이를 한 장 가져오너라 하여 종이를 갖다 드렸더니, 거다 무슨 글씨를 쓰시느냐 하면 '세계일화世界一花'라고 써놓으셨어. 세계가 한 떨기 꽃이라 이 말이야.

온 세계가, 그러니까 대한민국만이 한 송이 꽃이 아니고 동양과 서양이, 삼천대천세계三千大千世界가 한 떨기의 꽃이라는 것이 노스님의 법문이야.

노스님은 이것을 세계 인류가 앞으로 영원히 평화로워야 되겠다는 뜻으로 써 놓고, 우리 민족으로 볼 때에는 남북이 갈라질 것을 알아서 훗날 한 떨기 꽃으로 통일이 될 것을 그때부터 비추었어. 그래서 '세계일화'라는 휘호를 남기셨다는 말이야.

만공 스님은 당시에 다음과 같은 법문도 남겼다고 한다.

세계는 한 송이 꽃
너와 내가 둘이 아니요
산천초목이 둘이 아니요
이 나라 저 나라가 둘이 아니요

이 세상 모든 것이 한 송이 꽃

어리석은 자들은 온 세상이 한 송이 꽃인 줄을 모르고 있어
그래서 나와 너를 구분하고
내 것과 네 것을 분별하고
적과 동지를 구별하고
다투고 빼앗고 죽이고 있어

허나 지혜로운 눈으로 세상을 보아라
흙이 있어야 풀이 있고
풀이 있어야 짐승이 있고
네가 있어야 내가 있고
내가 있어야 네가 있는 법

남편이 있어야 아내가 있고
아내가 있어야 남편이 있고
부모가 있어야 자식이 있고
자식이 있어야 부모가 있는 법

남편이 편해야 아내가 편하고
아내가 편해야 남편이 편한 법
남편과 아내도 한 송이 꽃이요

부모와 자식도 한 송이 꽃이요

이웃과 이웃도 한 송이 꽃이요

나라와 나라도 한 송이 꽃이거늘

이 세상 모든 것이 한 송이 꽃이라는

이 생각을 바로 지니면 세상은 편한 것이요

세상은 한 송이 꽃이 아니라고 그릇되게 생각하면

세상은 늘 시비하고 다투고 피 흘리고

빼앗고 죽이는 아수라장이 될 것이니라

그래서 세계일화世界―花의 참뜻을 펴려면

지렁이 한 마리도 부처로 보고

참새 한 마리도 부처로 보고

심지어 저 미웠던 원수들마저도 부처로 봐야 할 것이요

다른 교를 믿는 사람들도 부처로 봐야 할 것이니

그리하면 세상 모두가 편안할 것이니라.

세계일화의
유래

'세계일화'라는 말은 중국 당나라 시인이자 화가 왕유가 쓴 '육조혜능선사비명'의 '세계일화조종육엽世界―花祖宗六葉'이라는 구절에서 유래한다. '세계는 하나의 꽃이며 조사의 종풍은 여섯 잎'이라는 의미다. 초조 달마에서 육조 혜능까지 내려온 중국 선종의 전등傳燈을 표현한 말이다.

불교 선종은 달마를 시조로 꼽는다. 남인도 향지국 왕자로 태어난 달마는 일찍 출가해 수도하다 중국으로 건너왔다. 소림사에서 면벽 9년 수행한 그는 '불립문자不立文字 · 교외별전敎外別傳 · 직지인심直指人心 · 견성성불見性成佛'이라는 선종의 근본 교의를 확립했다. 이후 2조 혜가, 3종 승찬, 4조 도신, 5조 홍인을 거쳐 6조 혜능으로 이어지면서 선은 심화되고 꽃을 활짝 피우게 된다.

'세계일화 조종육엽'은 선종의 이 같은 역사를 담은 표현으로, 부처님의 깨달은 자리인 불법의 세계한 송이 꽃가 초조 달마에서 6조 혜능까지 이어졌다는 의미다.

지리산 쌍계사에 가면 추사 김정희 글씨 편액 '세계일화조종육엽'을 만나볼 수 있다. 육조정상탑전인 금당의 앞면 중앙에 '금당金堂'이라는 편액이 있고, 그 좌우에 '육조정상탑六祖頂相塔'과 '세계일화조종육엽' 편액이 걸려 있다. 둘 다 조선의 명필 추사 김정희의 글씨다. 현재 걸린 것은 복제품이고, 원본은 쌍계사 성보박물관에 보관돼 있다.

추사가 이 편액 글씨를 쌍계사에 써 준 내력은 따로 기록으로 전하지는 않지만, 당시 추사와 친했던 만허 스님이 금당에 머물고 있었던 것이 원인이 아닐까 생각된다.

지리산 쌍계사 금당으로 올라가는 계단길.

만허는 차도 잘 만들었고, 그 차를 추사에게 보내 맛보게 하곤 했다.《완당선생전집阮堂先生全集》의 〈희증만허병서戱贈晚虛幷書〉에 소개되어 있는 '만허는 쌍계사 육조탑 아래에 주석하는데 제다製茶에 공교工巧해서 차를 가지고 와 먹게 해 준다. 비록 용정龍井의 두강頭綱이라도 이보다 더 낮지는 않을 것이다. 향적세계香積世界의 부엌에도 이런 무상묘미無上妙味는 없을 것이다. 그래서 다종일구茶鐘一具를 기증해 육조탑 앞에 차를 공양하게 했다.'는 글귀는 두 사람의 관계를 추측하게 한다.

위에서 보았듯이 '세계일화'라는 말은 만공 스님에 의해 그 의미가 더욱 확대되었다. 이후 많은 이들이 좋아하는 글귀가 되고, 편액이나 서예 작품 등으로 제작되며 사랑을 받아 왔다.

만공 스님의 세계일화 가르침은 만공 스님의 법을 이은 고봉 스님1890~1961의 제자 숭산 스님1927~2004을 통해 특히 빛을 발하게 되었다. 고봉선사의 법맥을 이은 숭산 스님은 한국 간화선을 전 세계에 전파, 한국 불교 세계화의 신기원을 이룩한 선사이다.

숭산 스님은 1966년 일본에 건너가 해외 포교를 시작했고, 1972년 미국 프로비던스에 홍법원을 개설한 이후 세계 30여 개국에 120여 개 선원을 개설하며 선불교를 세계화하는 일에 매진했다. 스님은 항상 '세계일화'를 설법했다고 한다.

1987년에는 숭산 스님의 환갑 생일을 기념하면서 제자들이

지리산 쌍계사 금당.
오른쪽 처마 아래 추사 김정희가 쓴 '세계일화조종육엽' 현판이 걸려 있다.

한국 수덕사에서 제1회 세계일화대회를 열었다. 이후 3년마다
한 번씩 세계를 돌며 세계일화대회를 열어 왔다.

　'세계일화' 정신이 갈수록 절실해지는 세상이라는 생각이
든다.

폐사지의 미학, 옛 절터 영암사지

색색의 단풍들이 마지막 빛을 발하고 우수수 떨어지는 만추의 계절, 산천초목이 민낯을 드러내는 초겨울에는 폐사지의 스산한 분위기가 어울릴 것 같은 생각이 들었다. 이런저런 발원으로 창건되어 번성하던 사찰들도 시절인연을 맞으면 쇠락하고 사라진다. 그곳을 일구고 영위하던 사람들은 떠나고 온기 있던 건물도 사라져 버린 폐사지는 다시 처음으로 돌아간, 겨울을 맞은 나목 같은 존재로 다가온다.

경남 합천군 황매산 아래에 있는 영암사지가 떠올랐다. 20여 년 전에 갔던, 때때로 다시 가 보고 싶었던 곳이다. 빼어난 암석 봉우리가 있는 황매산을 배경으로 그 남쪽 기슭에 자리하여 경관이 멋지고, 뛰어난 조각 솜씨에다 흥미로운 석조 유물들이 곳곳에 남아 있기 때문이다. 호젓한 분위기는 여전할 것이라는 생각도 들었다.

황매산은 주 봉우리를 크게 하봉, 중봉, 상봉으로 나눈다. 이 봉우리들이 합천호의 푸른 물에 비치면 마치 세 송이 매화꽃

합천 황매산 남쪽 기슭에 있는 영암사지의 초겨울 풍경.
금당터와 삼층석탑 주변의 모습이다. 영암사지는 뛰어난 석조 문화재와 멋진 황매산의
풍광이 어우러져 최고의 폐사지로 손꼽히는 곳이다.

이 물에 잠긴 것 같다고 해서 '수중매'라는 별칭으로도 불리는
산이다.

최고의 폐사지로 손꼽히는 곳

11월 15일, 맑은 날 오전에 영암사지로 향했다. 도착하니
오전 11시가 조금 넘었다. 예상대로 관광객들이 없어 호젓했다.
다만 포클레인 한 대가 땅 정리 작업을 하고 있었다. 20여 년 전
과는 많이 달라진 모습이었다. 그동안 발굴이 계속되면서 축대
와 건물터 등이 많이 복원, 정비돼 있었다.

영암사지는 통일신라 시대 사찰터로 추정된다. 발굴을 통해

불상을 봉안했던 금당과 서금당, 회랑, 부속 건물 등의 자리가 확인되었다. 금당은 세 차례에 걸쳐 개축된 것으로 드러났다. 이곳의 많은 석조 유물 중 통일신라 시대의 쌍사자석등과 삼층석탑, 두 개의 귀부*는 보물로 지정돼 있다. 1964년 6월 사적 제13호로 지정된 영암사지는 1984년 금당터, 부속 건물터, 석등, 석탑 등을 발굴한 1차 발굴 이후 네 차례1999, 2002, 2009, 2011 더 발굴이 진행됐다.

《나의 문화유산 답사기》시리즈의 저자인 유홍준 씨가 "답사 여행의 비장처秘藏處로 가장 먼저 손꼽는다."라고 한 영암사지는 많은 사람이 최고의 폐사지로 거론하는 곳이다. 이 영암사지에 가면 2002년에 보호수로 지정된, 수령 600년이 넘은 커다란 느티나무 한 그루가 먼저 맞이한다. 느티나무 오른쪽으로 올라가면 가장 먼저 발굴해 정비한 금당터와 석등, 석탑이 눈에 들어온다. 주변이 많이 정비되어 예전에 느꼈던 자연스러운 폐사지의 분위기와는 좀 다른 모습이어서 한편으로는 아쉽게 느껴지기도 했다.

폐사지는 건물이 없어 남아 있는 석조물의 아름다움을 온전히 느끼고, 거기에 새겨진 문양이나 동식물 등을 찬찬히 살펴보며 즐길 수 있는 점이 좋다. 금당터 계단 측면의 소맷돌**에는 잘

---

* 　거북 모양으로 만든 비석의 받침돌. 신라 초기부터 쓰이기 시작했다.
** 　계단의 난간 부분.

영암사지 금당터 앞에 서 있는
쌍사자석등(보물 제353호).

보이지는 않지만, 불교에서 천상의 새로 여기는 가릉빈가迦陵頻伽
가 새겨져 있다. 이 새는 불경에 나타나는 상상의 새로 극락조
라고도 부른다. 머리와 팔 등 상체는 사람의 형상인데, 머리에
는 새의 머리 깃털이 달린 화관을 쓰고 악기를 연주하는 모습이
다. 그리고 기단 면석*에 코끼리의 눈을 형상화한 전통 불교 문
양의 하나인 안상眼象이 조각되어 있고, 후면을 제외한 세 면의
안상 안에 동물 모양을 돋을새김했다. 모두 사자 모습이라 하는
데 조각 솜씨가 뛰어나다.

　금당터 앞에 서 있는 쌍사자석등은 이곳에서 단연 돋보이는

＊　　상층 기단과 하층 기단의 주축부로 네 면을 이루는 벽체 부분.

영암사지 쌍사자석등 주변의 석조 유물들.

아름다운 석조물이다. 이 석조물은 통일신라 시대의 석등으로 추정된다. 황매산을 배경으로 올려다보면 더욱 멋지게 다가온다. 석등은 불을 밝히는 화사석火舍石을 중심으로, 위는 지붕돌로 덮고 아래는 받침을 세 단 두었다. 네 개의 창이 난 화사석의 사면에는 돋을새김한 사천왕상이 새겨져 있다. 쌍사자로 된 중간 받침 이외의 모든 부분이 팔각으로 만들어져 통일신라의 특색을 보이고 있다.

첫 번째 단의 받침돌에는 아래를 향한 연꽃잎이 조각되었고, 팔각 면에는 동물 모양이 조각되어 있다. 두 번째 단의 쌍사자는 꼬리를 꼿꼿하게 치켜든 모습으로 위를 떠받치고 있다. 다리의 근육이 사실적으로 표현되어 아주 역동적이다.

흥미로운 석조 문화재들

영암사지 쌍사자석등은 국보 제5호인 속리산 법주사의 쌍사자석등과 함께 우리나라의 석등을 대표하는 걸작으로 꼽힌다. 1933년경 일본인들이 불법으로 반출하려던 것을 주민들이 막아 가회면사무소에 보관하다가 1959년 절터에 작은 암자를 세우고 원래의 자리로 옮겼다고 한다.

석등은 높이 쌓은 석축 위에 자리한다. 석축 양옆으로 무지개형 돌계단이 정교하게 설치되어 있는데, 매우 흥미롭다. 매우 좁고 경사도 심해, 성인이면 발을 다 붙일 수 없어 발뒤꿈치가 허공에 뜨게 된다. 이 일곱 계단의 돌계단은 하나의 돌로 만들었다.

석등 아래의 마당에 삼층석탑이 서 있다. 무너져 있던 것을 1969년에 복구한 화강암 석탑이다. 몸돌의 비례가 정형을 벗어나 있지만, 전체적 균형을 잃은 것은 아니다. 각 부분의 구성도 간결하여 소박한 느낌을 준다. 탑의 규모가 비교적 작고 지붕돌 아랫부분의 주름이 네 단이나 다섯 단으로 된 통일신라 시대의 전형적인 탑보다는 늦게 만들어진 것으로 보인다. 9세기 후반에 세워진 것으로 추정된다.

금당터 왼쪽으로 조금 올라가면 귀부가 있는 서금당터가 나온다. 귀부는 주춧돌 등이 남아 있는 금당터를 중심으로 동쪽과 서쪽에 하나씩 있다. 고려 시대에 만들어진 것이라고 한다. 동쪽 귀부는 길이가 255cm이고 폭은 194cm다. 서쪽 귀부는 길이 219

영암사지 서금당터 동쪽 귀부의 뒷면(위)과 앞면(아래). 비석을 받치던 좌대로,
비신과 그 위의 이수 부분은 없어졌다. 통일신라 시대에 제작되었으며
법당터 동서쪽에 하나씩 자리하고 있다. 보물 제489호로 지정되었다.

*cm*에 폭 170*cm* 크기다.

영암사지는 아름다운 석등과 석탑을 비롯해 많은 문화재가 잘 보존되어 있지만, 그 내력은 아직까지 소상하게 밝혀지지 않은 신비의 절터다. 그 터로 보아서 매우 규모가 크고 화려했을 것으로 짐작되는 이 사찰은 언제, 어떻게 사라지게 되었을까? 관련해서 전해져 내려오는 이야기가 있다.

어느 날, 영암사에서 큰 법회가 열렸다. 왕자가 영암사에서 열리는 법회 참석을 위해 말을 타고 달려갔는데 영암사 앞 계곡의 다리를 건너는 순간, 마침 법회의 시작을 알리는 범종 소리가 크게 울려 퍼졌다. 놀란 말은 왕자를 태운 채 계곡으로 떨어졌다. 왕자는 중상을 입어 반신불수가 되었다. 이에 진노한 왕은 분노를 참지 못하고 절을 불태웠고, 영암사는 사라지고 말았다.

제3장

법당 주위를 걸으며 보다

기단에서 노니는 거북과 게

청도군 화양읍의 대적사는 작은 암자 같은 사찰이다. 널리 알려진 사찰도 아니고 사람들이 많이 찾지도 않는다. 감나무밭으로 둘러싸인 마을 뒤쪽에 있다. 마을과 감나무밭을 지나면 나오는 산비탈 계곡 언덕 위에 자리하고 있다.

전각이라고는 극락전, 명부전, 산령각이 전부다. 하지만 극락전 하나만 해도 불교 문화재에 관심 있는 사람이라면 충분히 흥미를 느낄 만하다. 특히 극락전 기단이 눈길을 끈다. 다른 사찰 기단에서는 볼 수 없는, 흥미롭고 아름다운 조각들이 새겨져 있다.

전면 세 칸, 측면 두 칸 규모인 이 극락전은 18세기에 중건된 것으로 추정되고 있는데, 보물 제836호로 지정돼 있다.

거북과 계가

노니는 기단　극락전 앞면의 기단은 석탑의 기단부처럼 면석面石들을 조합해 만들었다. 넓적하게 다듬은 면석의 아래와 위는 길쭉하게 다듬은 장대석으로 되어 있다. 전체적으로 정교하고 치밀하게 맞춰져 있지 않아 오히려 편안하게 느껴진다. 중앙에 계단을 만들어 놓았다.

좌우 기단의 면석에는 H자 모양의 굵은 선을 돋을새김한 것도 있고, 열십자 모양을 새긴 것도 있다. 그냥 아무런 무늬가 없는 면석도 있다. 면석의 크기도 같지 않다. 얼기설기 대충 짜 맞춘 듯하고, 기단석의 색상도 균일하지 않다.

이 바탕 위에 선과 선의 교차점이나 선 위, 면석 중앙 등에 다 꽃이나 문양, 원 모양, 꽃잎 모양 등을 새겨 놓았다. 특히 극락전을 바라보고 오른쪽에 있는 기단의 가장 큰 면석에 새겨져 있는 거북과 게가 먼저 눈에 들어온다. 가로띠와 세로띠가 교차한 부분 중 가로띠보다 넓은 세로띠 위에 새겨져 있다. 위쪽에 아래로 향하는 엄마 거북의 머리 앞에 작은 새끼 거북 한 마리가 있다. 머리는 왼쪽으로 향하고 있다. 엄마와 산보를 나와 노닐고 있는 듯하다. 게는 그 아래에 떨어져 있다. 거북 가족을 향해 위로 걸어오고 있다. 게와 거북이 둑길에서 만나기로 한 모양이다.

이 오른쪽 면석에 보면 거북 한 마리가 더 있다. 이 면석에는 가로띠가 없이 좌우 양 끝부분에 세로띠를 양각해 놓고, 그

경산 대적사 극락전. 보물로 지정된 이 극락전은
특히 기단과 그 조각이 문화재로서 높이 평가되고 있다.

가운데 커다란 꽃 한 송이를 새겨 놓았다. 꽃잎을 세 겹으로 둥
그렇게 조각했는데, 연꽃인 듯한 이 꽃의 한가운데에 작은 거북
한 마리가 놀고 있다. 이 꽃 양옆에는 꽃봉오리처럼 보이는 것
을 하나씩 새겨 놓았다. 무엇을 표현한 것인지는 잘 모르겠다.

거북은 계단석의 소맷돌에도 있다. 통돌로 만든 소맷돌 중
오른쪽에 보면 두 마리의 거북이 있다. 외곽선을 두른 안쪽에
여의주를 문 용 조각을 중심으로, 연꽃 봉우리와 파도를 형상화
한 것 같은 나선형의 문양 등과 함께 거북 두 마리가 한가하게

극락전 기단에 새겨진 거북과 게 등.

노닐고 있다.

그 반대쪽 소맷돌에는 커다란 나선형 문양 두 개와 도끼날 같은 문양 아래에 꼬리와 머리 부분을 드러낸 물고기 한 마리가 새겨져 있다.

왼쪽 기단 면석에는 알 수 없는 추상적 문양들이 새겨져 있다. 가로띠와 세로띠가 만나는 부분에 사각 원 모양의 선이 하나 새겨져 있고, 그 오른쪽에는 가로띠 아래 세로띠 양쪽에 알수 없는 문양이 두 개씩 새겨져 있다. 그 옆 면석에는 금강저가 연상되는 문양이 양쪽에 있다.

법당 주위를 걸으며 보다

계단 맨 아래 왼쪽에 넓적한 사각 석판을 하나 세워 놓았는데, 그 가운데에도 거북 한 마리가 새겨져 있다. 궁금증을 불러 일으키는, 매우 흥미로운 기단 조각들이다.

부재들을 보면 그 크기나 색깔, 통일성 등의 면에서 처음부터 이 기단을 만들기 위해 장만한 것이 아니라, 다른 전각의 기존 기단석을 모아 사용한 것 같은 생각도 든다. 이 기단석에는 왜 다른 곳에서는 볼 수 없는 수생 동물들이 등장할까?

거북과 게가
등장하는 이유

전문가들은 이 극락전 전체가 반야용선 般若龍船을 표현한 것으로 해석하고 있다. 반야용선은 사바세계에서 깨달음의 세계인 피안의 극락정토로 중생들을 건네주는 반야바라밀의 배를 말한다. 불교에서는 참된 지혜반야를 깨달은 중생은 이 반야용선을 타고 극락정토로 간다. 사찰에는 반야용선을 타고 극락정토로 향하는 모습이 다양하게 표현되고 있다.

법당 기단부를 바다로 표현해서 법당 전체를 반야용선으로 설정하기도 한다. 기단부나 기둥 초석에 거북이나 게, 물고기 등의 바다 생물을 새기기도 하고, 연꽃을 활용하기도 한다.

해남 미황사 대웅보전과 여수 흥국사 대웅전 등에서 그 사례를 확인할 수 있는데, 미황사의 경우는 사찰의 연기설화 자

극락전 기단 계단 소맷돌(위). 여기에도 거북 두 마리와 용, 연꽃 등이 새겨져 있다.
극락전 기단 계단 아래에 있는 돌에도 거북이 새겨져 있다(아래).

체가 극락정토에 닻을 내린 반야용선의 서사를 갖고 있다. 인도 왕이 경전과 불상을 배에 싣고 모실 곳을 찾아다니다 달마산 꼭대기에 만 명의 부처님이 나타난 것을 보고 찾아왔다는 미황사 연기설화緣起說話를 반야용선으로 해석한 것이다. 대웅보전 주춧돌에 게와 거북, 연꽃이 새겨져 있는데, 주춧돌과 그 아래의 기단이 바다를 상징하는 것으로 본다. 대웅보전은 바다 위에 떠 있는 배가 되는 것이다. 미황사의 부도밭 부도 조각에도 게와 물고기, 거북, 연꽃 등이 새겨진 경우가 많아 눈길을 끈다. 바닷가에 있는 여수 흥국사 대웅전 기단부에는 거북, 게 등을 새겨

두었다.

하지만 내륙 깊숙이 자리하고 있는 이 대적사 극락전 기단의 사례는 다른 내륙 사찰에서는 찾아볼 수 없어 흥미롭다. 극락전 법당은 선실이며 기단은 바다를 상징한다고 보는 것이다. 극락전 중앙 어간 문 위 양쪽에 용이 여의주를 물고 있는데 이것도 법당이 반야용선을 상징하는 것이라 하겠다.

대적사 극락전이 반야용선으로 구상되었다는 사실은 법당 내부에서도 확인할 수 있다. 벽화 중 반야용선의 선두에 서서 승선자들을 인솔하는 인로왕보살引路王菩薩과 선미를 맡는 지장보살 등이 그려져 있는데, 이 벽화도 극락전이 반야용선임을 말해 주는 것으로 해석된다.

드문 아름다움, 툇마루

안동 봉정사는 친근하고 편안한 마음이 들게 하는 사찰이다. 갈 때마다 옷깃을 여미게 하는 엄숙한 종교 시설이 아니라, 아늑하고 정감 넘치는 시골 외갓집이나 고향집 느낌이 든다. 사찰 아랫마을 곳곳에 있는 고택 분위기가 물씬 난다.

봉정사 초입의 길옆 계곡 바위 아래에 있는 정자 명옥대가 가장 먼저 맞아 줄 때부터 그렇다. '창암정사蒼巖精舍'라는 초서 편액이 걸린 이 명옥대는 퇴계 이황이 즐겨 찾던 장소임을 기리기 위해 후학들이 지은 정자다. 이황이 지은 이름인 '명옥대鳴玉臺'는 정자 옆 바위에 새겨져 있다.

봉정사는 일주문만 있지, 무서운 사천왕상이 지키고 있는 천왕문이나 금강문도 없다. 만세루에 오르는 계단길도 소박하고 자연스럽다. 만세루를 지나 마주하는 대웅전에 다가서도 툇마루 덕분에 친근감이 든다. 이 대웅전에는 정면에 나지막한 툇마루가 있다. 사찰 대웅전 앞에 이처럼 툇마루가 있는 경우는 이곳 말고는 본 적이 없다. 1435년에 쓴 중창기가 발견된 이 대웅전은 2009년에 보물에서 국보로 승격됐다.

친숙한 옛집 같은
봉정사의 영산암

대웅전에서 오른쪽으로 향하면 언덕 위에 한옥이 보인다. 영산암이다. 이 암자는 특히 편안한 분위기다. 사찰 분위기가 전혀 아니다. 조선 시대 살림집 분위기다. 테두리도 없는 소박한 '우화루雨花樓' 편액이 달린 누각 아래를 지나 마당에 오르면, 우화루를 포함해 여섯 채의 크고 작은 건물들이 마당을 중심으로 ㅁ자형으로 둘러싼 공간이 한눈에 들어온다. 석가모니 부처님이 설법할 때 꽃비가 내렸다는 이야기에서 가져온 우화루 편액의 유래를 모르면, 의미 그대로 꽃비가 내리는 누각이라고 생각해도 잘 어울릴 것 같다.

우화루와 그 맞은편의 법당인 응진전, 응진전 앞 좌우에 있는 요사채인 송암당과 관심당, 응진전 왼쪽의 삼성각과 염화실이 있다. 이 건물들은 3단에 걸쳐 배치돼 있다. 하단에는 우화루가, 중간 마당 좌우에 송암당과 관심당이, 상단에 응진전과 삼

영산암 우화루 마루에서 바라본 송암당.
왼쪽의 누각 툇마루는 송암당 툇마루 및 관심당 툇마루와 연결돼 있다.

성각과 염화실이 자리하고 있다.

마당에 올라서 둘러보아도 절 분위기가 전혀 없다. 법당인 응진전마저 작은 규모인 데다 편액도 눈에 들어오지 않아, 법당인 줄 알기도 어렵다. 무엇보다 이 영산암 건물은 툇마루가 있어 더욱 친근하고 편안한 느낌을 준다. 툇마루를 만들 수도 없는 작은 삼성각 말고는 모두 마루가 달렸다.

특히 눈길을 끄는 점은 우화루의 2층 대청마루가 마당 좌우에 배치한 두 요사채 마루와 수평을 유지하면서 툇마루로 이어지도록 되어 있다는 것이다. 송암당은 우화루 쪽에 한 칸을 큰 마루로 만들어 툇마루와 연결했고, 마당 반대쪽에도 툇마루가 있다. 봉정사 가까이에 있는 학봉종택이나 서애종택 등 안동의 고택에 들어와 있는 것보다 더 아늑한 분위기다.

툇마루에 앉아 보면 바위 위에 자라는 소나무를 비롯해 배롱나무, 작은 석등, 화단에 자라는 소박한 화초들이 눈에 들어온다. 아늑한 마음이 절로 든다. 이런 마음이 들게 하는 데는 마당의 크기가 건물과 잘 어우러지는, 적당한 크기인 점도 중요한 요인인 듯하다.

사찰 건물에 대청마루나 툇마루를 만든 경우도 그렇지만, 마루를 통해 세 건물을 연결한 사례는 다른 사찰 건물에서는 찾아볼 수 없을 듯하다. 거기에다 마당의 아담한 화단과 자연석 계단, 바위에 자라는 반송과 배롱나무 등이 어우러져 각별한 정겨움과 아름다움을 선사한다.

이황이 즐겨 찾던 봉정사

이황은 16세 때인 1516년 봄부터 가을까지 봉정사에 머물며 공부를 했는데, 당시 명옥대를 즐겨 찾아 독서하며 노닐었다. 그리고 50년 후 또 봉정사를 찾아 '명옥대'라는 이름을 짓고 시도 남겼다. '창암정사'의 창암은 〈명옥대〉라는 시에서 따온 것이다. 창암정사

영산암 응진전. 법당인데도 앞쪽에 툇마루가 설치돼 있다.

는 1667년에 처음 건립됐다.

이황이 봉정사에 머물 때나 잠시 들렀을 당시에 영산암이 있었는지 모르겠지만, 있었다면 툇마루에 앉아 스님들과 주변 풍광의 멋을 누리며 이런저런 이야기도 나누었을 것이다. 유교나 불교 모두 진리를 탐구하며 행복한 인간 삶을 위한 길을 찾아 실천하는 공부 아니겠는가.

형이 강화도에 계실 적에는 한 해 두어 차례 서울에 오실 때마다 저희 집에 줄곧 머무르면서 술을 마시고 시를 읊었으니, 인간 세상에서 정말 즐거웠던 일이었다오. 그런데 온 가족을 이끌고 서울에 오신 뒤로는 열흘도 한가롭게 어울린 적이 없어서 강화도에 계시던 때보다도 못하니, 도대체 무슨 까닭입니까. 못에는 물결이 출렁이고 버들빛은 한창 푸르며, 연꽃은 붉은 꽃잎이 반쯤 피었고, 녹음은 푸른 일산에 은은히 비치는구려. 이즈음 마침 동동주를 빚어서 젖빛처럼 하얀 술이 동이에 넘실대니, 즉시 오셔서 맛보시기 바라오. 바람 잘 드는 마루를 벌써 쓸어 놓고 기다리오.

《홍길동전》의 저자인 허균1569~1618이 마음을 나누던 친구인 권필1569~1612에게 보낸 편지다. 광해군 때 필화 사건으로 곤장을 맞고 귀양을 가다가 동대문 밖 여관에서 죽은, 권필의 나이 42세 때 보낸 것이다. 허균이 말끔하게 쓸어 놓고 친구를 기다리던 마루도 영산암의 툇마루 같은 마루가 아니었을까 싶다.

한옥 툇마루는 여름과 겨울을 동시에 나야 하는 한옥 환경에서 내외부 공간 사이의 완충지대 역할을 한다. 공간과 공간으로 이동하는 동선을 연결하는 역할을 하면서, 추운 겨울 밖에서 방 안으로 들어갈 때 느끼는 갑작스러운 온도 변화에 적응할 수 있도록 해 주는 역할도 한다. 심리적으로도 중요한 공간이다. 툇마루는 쓰임이 별로 없는 공간처럼 보이지만 한옥에서는 매우 중요한 지대인 것이다.

툇마루와 관련, 봉정사에 한 가지 아쉬운 점이 있다. 극락전 모습이다. 봉정사를 둘러보다 보면 주변과 뭔가 어울리지 않는,

봉정사 대웅전의 정면 툇마루.

건축에 대한 일반적 미감을 훼손시키는 느낌을 주는 건물이 있는데 바로 극락전이다. 불상을 모시고 있는 법당임에도 무슨 창고 건물 같다. 앞면 가운데 칸에 작은 문이 있고, 그 좌우 칸에는 작은 나무 살창이 하나씩 있는데 참으로 답답해 보인다.

1972년 해체 복원했는데, 복원 전 극락전 사진을 보면 대웅전과 같이 전면 세 칸 모두 사분합四分閤 출입문으로 되어 있다. 그리고 앞쪽에는 툇마루가 달려 있다. 예전 모습이 훨씬 아름답다. 실패한 복원이라 생각된다. 툇마루가 있고, 벽이 아닌 문으로 된 복원 전의 모습으로 되돌아가면 봉정사가 전체적으로 훨씬 더 아름다운 산사가 될 것 같다.

세상을 담은 벽화

안동 봉정사 영산암이 종교적 분위기가 아니라, 누구나 편안하고 친근하게 느껴지게 만드는 또 하나의 이유는 벽화이다. 법당인 응진전과 요사채인 송암당에 벽화가 많은데, 이 벽화들의 소재가 불교와 관계없는 것들이 많기 때문이다.

당대의 불교 신자가 아닌 사람들이, 지식인들이 관심을 가지고 좋아했을 소재들이다. 요즘 일반인들도 흥미로워할 만한 벽화들이다.

요사채 송암당의
벽화   영산암 벽화는 불교적 내용과 함께 민

화적 소재, 중국의 유명 한시 등을 소재로 한 그림들로 어우러
져 있다.

먼저 송암당 벽화다. 소나무 곁의 송암당은 건물의 삼면에
마루를 낸 정감 있는 요사채다. 마당 쪽으로는 툇마루를 내고,
남쪽 측면에는 대청마루를, 뒷면에는 쪽마루를 달았다. 마루들
은 하나로 연결되어 있다.

정면 문 위에 그려진 벽화의 공간적 배경은 연꽃이 만발한
연지蓮池다. 한 장면은 일출 무렵에 물고기가 용으로 극적으로
변하는 '어변성룡魚變成龍'을 묘사하고 있다. 이 모습을 그린 어변
성룡도는 민화에서 선호되는 소재로, 잉어가 용문의 거친 협곡
을 도약하여 오른다는 의미에서 '약리도躍鯉圖'라고도 부른다. 벽
화의 한쪽에 붉은 글씨로 '어변성룡'이라는 화제를 적어 놓았다.

어변성룡도의 오른쪽에는 달마대사가 갈대 가지를 꺾어 타
고 강을 건너는 장면인 달마도해도를 그려 놓았다. '달마도해達
磨渡海'라는 화제도 적혀 있다.

그 옆에는 같은 연지를 배경으로, 사람이 용을 잡아 끌어가는 그림과 함께 일모귀래도日暮歸來圖가 그려져 있다. 일모귀래도는 도롱이를 입고 삿갓을 쓴 사람이 배 위에서 노를 젓고 있는 모습이다. 그림 위에 '일모귀래우만의日暮歸來雨滿衣'라는 화제를 써 놓았다. 일모귀래도는 당나라 시인 이상은의 시를 소재로 한 그림이다. 불교와는 관계가 없는, 일반 지식층에서 선호하던 소재 중 하나다.

이 구절이 나오는 이상은의 〈방은자불우訪隱者不遇: 은자를 방문했다가 만나지 못하고〉라는 시다.

가을비 주룩주룩 농가 별장 사립문 적시네.

꿈속에서는 여러 번 왔지만 실제 온 것은 드물지

매미 사라지고 나뭇잎은 누렇게 떨어지는데

한 그루 사철나무 있고 사람은 돌아오지 않네.

秋水悠悠浸墅扉

夢中來數覺來稀

玄蟬去盡葉黃落

一樹冬靑人未歸

성에서 쉬며 보니 아는 사람 없고

슬픈 원숭이 울음소리 있는 곳에 사립문 하나

강은 파랗고 해는 흰데 나무하며 고기 잡는 길만 있고

송암당 벽화 중 정면 문 위쪽 좁은 벽면에 그린 일모귀래도.
시의 첫 구절인 '일모귀래우만의'가 쓰여 있다.

해 저물어 돌아오는 길에 비가 옷을 다 적시네.
城郭休過識者稀
哀猿啼處有柴扉
滄江白日樵漁路
日暮歸來雨滿衣

　송암당의 큰 마루가 있는 쪽의 벽에도 시를 소재로 한 그림이 있다. 당나라 시인 가도의 유명한 시를 소재로 한 송하문동자도松下問童子圖이다. 한쪽이 좁아지는 가로로 긴 공간에 그렸다. 동자가 손가락으로 가리키는 곳에 학이 두 마리 있는 그림이다. 학 옆에 시의 전문을 그대로 써 놓고 있다. 이곳 분위기가 시가 묘사한 공간과 비슷하다고 생각했는지 모르겠다. 가도의 시 〈심은자불우尋隱者不遇: 은자를 찾았으나 만나지 못하고〉는 다음과 같다.

소나무 아래에서 동자에게 물으니

스승님은 약초를 캐러 가셨는데

이 산속에 계시긴 하겠지만

구름이 깊어 어딘지는 모르겠다 하네.

松下問童子

言師採藥去

只在此山中

雲深不知處

이 벽화들은 같은 사람이 그린 것 같은데, 솜씨가 뛰어나다. 그림의 격이 매우 높다. 언제 그린 작품인지 모르겠으나, 상당히 오래된 듯하다.

법당 응진전의
벽화

법당인 응진전에는 안과 밖에 다양한 벽화들이 있다. 여기에도 불교적 소재의 그림과 함께 민화풍의 다양한 벽화가 그려져 있다.

서쪽 외벽의 벽화로는 호랑이와 까치 그림인 호작도, 불사약을 찧고 있는 토끼 한 쌍의 그림 등이 눈길을 끈다. 호작도는 액막이와 길조를 상징하는데, 조선 후기 민화의 단골 소재다.

불사약을 빻고 있는 토끼 한 쌍의 민간설화를 사찰 벽화로 만나
는 경우는 극히 이례적이다.

　호작도 옆에는 고목 아래 영지_{불로초}가 가득한 곳에 사슴 두
마리가 다정하게 서 있는 그림을 그려 놓았다. 뿔이 있는 사슴
은 영지를 물고 있다. 그 앞의 뿔이 없는 사슴은 새끼인 듯하다.

　반대편 외벽에는 송학도와 함께 두 사람이 용을 밧줄로 낚
아 올리는 벽화가 그려져 있다. 이 용을 잡는 그림은 성불_{成佛}하
기 위해 인간으로 태어나려는 용이 인간에게 일부러 잡히는 용
의 서원이 담긴 경전 내용을 담고 있다. 인간이 되려는 서원으

응진전 내부 벽화 중 선학도.

로 용이 잡혀 준 줄도 모르고 용을 잡았다고 의기양양한 두 사람 모습을 표현하고 있다. 웃통을 벗어 던지고 반바지 차림으로 긴 밧줄을 용의 콧수염에 묶어서 당기는 모습이 해학적이다.

송암당 정면 벽화에도 같은 소재의 그림이 있다. 일모귀래도 옆에 있다. 응진전의 벽화와는 다른 분위기다. 갈고리에 코를 꿰인 용이 어부와 한바탕 줄다리기를 하고 있다.

응진전 내부 벽화에도 민화풍의 소재 그림이 많다. 어변성룡도, 봉황도, 선학도仙鶴圖, 파초, 포도, 대나무 등 다양하다. 물론 불교적 소재인 연화화생도蓮華化生圖, 심우도尋牛圖, 나한도, 운룡도 등도 있다.

선학도에 등장하는 소재는 쌍학과 함께 고매, 길상화, 보름달, 불로초 등이다. 고매는 꽃이 만발한 백매다. 검은 매화 등걸은 용틀임하듯 역동적이고, 보름달이 휘영청 매화 가지에 걸려 있다. 선학 두 마리가 서 있는 매화나무 아래에는 영지버섯 같은 불로초가 가득 피어 있다.

봉황도는 강렬하고 화려한 보색대비의 색채 운용이 눈길을 끈다. 바위와 깃털, 오동나무 등이 잘 어우러진 모습이다.

영산암 벽화는 이처럼 보는 사람들의 관심사나 안목에 따라 흥미롭게 감상할 수 있는 다양한 벽화들이 곳곳에 있어 각별한 재미를 선사한다. 사찰 벽화이지만, 당대 사람들의 다양한 민심이 잘 반영된 벽화들이라 할 수 있을 것이다.

다양한 생각과 가치관을 받아들이고 반영할 줄 아는, 열린 사고를 보여 주는 암자라는 생각이 든다. 자신과 자신이 속한 집단의 이념이나 가치관에만 매몰돼 있는 요즘 세태를 떠올리게 된다.

최고의 아름다움을 새긴 꽃살문

산사에서 누릴 수 있는 아름다움은 다양하다. 시각적으로
쉽게 그 아름다움을 느낄 수 있는 것으로 법당의 문을 꼽을 수
있다. 아름답고 정겨운 문살이 많기 때문이다. 그중에서도 다양
한 꽃살문이 특히 눈길을 끈다.

오래된 산사의 대웅전이나 극락전 등 그 사찰의 중심 법당
문을 보면 대부분 멋진 꽃살문으로 되어 있다. 세 칸 또는 다섯
칸의 문 모두가 꽃살문으로 된 곳도 있고, 가운데의 어간御間만
꽃살문으로 장식한 곳도 있다. 어간의 문 네 짝 중 두 짝만 꽃살
문으로 만들기도 한다. 꽃살문의 문양은 보통 모란, 국화, 연꽃,
해바라기, 매화 등이 소재로 활용된다. 꽃과 잎을 함께 표현하
기도 하고 꽃만 새기기도 한다. 대나무와 소나무, 물고기나 새

부안 내소사 대웅보전 꽃살문.

등을 새긴 경우도 있다. 불상이 봉안된 법당의 문을 꽃살문으로
장엄하는 이유는 무엇일까?

**꽃살문으로
장엄하는 까닭**　　　연꽃을 비롯한 꽃은 불교에서 깨달음을
　　　　　　　　　　　　상징한다. 석가모니 부처님이 깨달음을
얻었을 때나 설법을 마친 후 삼매三昧*에 들었을 때 하늘에서 꽃
비가 내렸다는 이야기가 경전에 전한다. 불상이 봉안된 법당은

──
*　　잡념을 떠나서 오직 하나의 대상에만 정신을 집중하는 경지.

석가모니 부처님이 법을 설한 자리인 영산회상靈山會上에 비유되고, 법당의 꽃살문은 영산회상에 내린 꽃비를 상징한다고 한다.

그래서 법당문은 정성을 다한, 아름답고 다채로운 꽃살문으로 장식했다. 이런 꽃살문인 만큼 최고의 솜씨가 동원된 예술작품으로 승화된 경우가 적지 않다. 화려하고 정교하며 창의적인 조각 솜씨가 드러나는 사찰 꽃살문은 다른 나라의 건물에서는 찾아보기 어려운 한국 특유의 소중한 문화유산으로 평가되고 있다.

내소사 대웅보전,
쌍계사 대웅전 꽃살문　　　사찰 꽃살문 중 특히 유명한 것은 부안 내소사 대웅보전 꽃살문이다. 전면 세 칸 건물의 앞쪽 여덟 개 문짝 모두가 꽃살문이다. 1633년에 중건된 이 대웅보전의 꽃살문은 시기적으로 가장 오래된 것으로 파악된다. 조각 솜씨와 감각이 뛰어나고 정교해 보는 이들의 탄성을 자아낸다. 세월이 흐르면서 단청은 다 사라지고 나뭇결이 그대로 보이는 상태인데, 오히려 화려한 색이 없는 그 모습이 주는 아름다움이 더 멋스럽게 느껴진다. 이곳의 문살은 모란, 국화, 연꽃, 해바라기 등이 한 가지 또는 그 이상으로 장식된 문짝들이다. 꽃송이는 잎으로 연결되어 있고, 꽃의 형태는 만개한 것부터 봉우리가 조화롭게 섞여 있는 것까지 다양하다.

논산 쌍계사 대웅전은 전면이 다섯 칸인데, 열 개 문짝 모두 꽃살문이다. 대웅전이 잘생긴 건물인 데다 문짝 모두가 아름다운 꽃살문이라 법당 전체가 멋진 작품으로 다가온다. 연꽃, 모란, 국화, 작약, 무궁화 등이 새겨져 있다. 단청은 색이 좀 바랜 상태다. 대웅전 옆쪽에 있는 협문 중 하나는 외문짝인데 위쪽에 모란으로 추정되는 활짝 핀 꽃송이와 꽃봉오리, 줄기와 잎이 대칭으로 된 꽃송이가 아름답게 새겨져 있다.

이와 함께 양산 통도사 적멸보궁, 부안 개암사 대웅보전, 해남 대흥사 천불전, 부산 범어사 팔상전, 영광 불갑사 대웅전 등의 꽃살문도 아름답다. 대구 경북에는 대구 동화사 대웅전, 칠곡 송림사 대웅전, 상주 남장사 극락보전, 경주 기림사 대적광전 등의 꽃살문도 유명하다.

꽃살문의
제작 기법

꽃살문의 제작 기법은 문살 자체를 꽃 모양으로 조각하여 짜 맞춘 것, 따로 조각한 꽃 모양을 빗살이나 솟을빗살의 교차점마다 붙인 것, 꽃문양을 판자에 투조해 문살 위에 붙인 것 등이 있다. 소재는 비슷하지만, 같은 꽃을 조각해도 사찰마다 조각한 사람이 다르다 보니 조금씩 다 다르다. 살대를 45도와 135도로 빗대어 교차시켜 짠 문을 빗살

1.경주 기림사 대적광전 꽃살문.　　2.부안 개암사 대웅보전 꽃살문.
3.논산 쌍계사 대웅전 꽃살문.　　4.칠곡 송림사 대웅전 꽃살문.

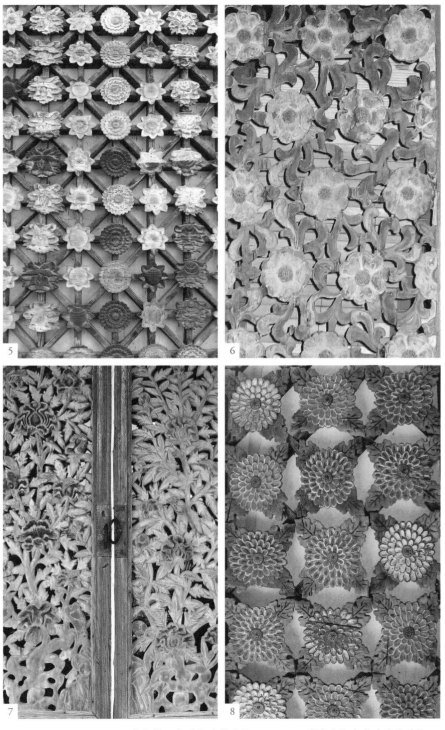

5.양산 통도사 대웅전 꽃살문.　　6.예천 용문사 윤장대 꽃살문.
7.승주 선암사 원통각 꽃살문.　　8.영천 은해사 극락보전 꽃살문.

문이라 하는데, 여기에 각종 꽃 모양을 조각하여 장식성을 높인 것이 '빗꽃살문'이고, 빗꽃살문에 수직 살대인 장살을 첨가한 것을 '솟을빗꽃살문'이라 한다. 사찰 꽃살문은 빗꽃살문보다 솟을빗꽃살문이 많은 편이다.

꽃살문은 살대를 기본으로 하여 만든 문이 대부분이나, 꽃이 핀 식물 모양을 통째로 투조透彫하여 문살 위에 붙인 형식도 있다. 이런 통판투조 방식의 경우 문살은 문양판을 지탱하는 역할만 한다. 이런 꽃살문으로는 강화 정수사 대웅보전, 공주 동학사 대웅전, 영주 성혈사 나한전 등의 꽃살문이 대표적이다.

정수사 대웅보전 어간 네 개의 꽃살문은 지탱하는 문살이 따로 없는 형식의 통판투조 꽃살문이다. 화병에 모란, 연꽃 등의 꽃을 꽂아 놓은 모습을 묘사하고 있다. 불단에 올리는 공양화를 연상시키는 형태다.

동학사 대웅전 전면 열 개의 꽃살문은 전부가 투조 기법으로 장식된 문이다. 모두 화초를 주제로 했다. 어간의 두 문짝에 매화, 그 양쪽에 난초, 어간 왼쪽과 오른쪽에 있는 세 짝의 문에 각각 송학, 대나무, 국화가 투조되어 있다.

성혈사 나한전은 전면 세 칸의 여섯 개 문짝 모두가 꽃살문인데, 통판투조 문짝은 어간의 두 문짝, 동쪽 칸의 두 문짝 중 하나이다. 어간의 문은 연꽃, 동자승, 새, 개구리, 물고기 등이 투각된 장식판이 빗살 위에 부착되어 있다. 오른쪽 문짝은 열 송이 꽃이 달린 모란 한 포기 전체를 묘사했다.

이외에도 구례 천은사 약사전의 통판투조 꽃살문, 순천 선암사 원통각의 통판투조 모란꽃살문 등도 눈길을 끈다.

정교하게 조각한 꽃살문의 아름다움은 한국적인 미감의 특성을 잘 나타내고 있다. 꽃살문의 정교함과 화려함은 그 시대 장인들의 탁월한 미의식과 정신세계를 가늠하게 한다. 편안한 가운데 미적 쾌감을 주는 사찰 꽃살문은 부처님을 향한 종교적 열정, 한국적 미의식이 만들어 낸 차원 높은 건축 장식 미술이라는 평을 듣고 있다.

화룡점정의 예술 작품, 편액

우리 옛 건물에는 건물의 이름이나 성현의 가르침 등을 새긴 편액과 주련 등 현판이 많이 걸려 있고, 사찰 건물에는 특히 귀중한 현판이 많다. 이런 현판 글씨는 역대 왕을 비롯해 당대의 유명한 지식인이나 명필 등이 심혈을 기울여 쓴 작품이다. 따라서 현판은 예술의 정수가 담겨 있는 문화 예술의 보고라고 할 수 있다. 흥미롭고 감동적인 사연이 있는 현판도 적지 않다.

이런 사찰 현판, 특히 편액은 건물의 품격을 높이는 화룡점정의 예술 작품으로, 소중한 문화유산이 아닐 수가 없다. 공민왕 글씨로 전하는 부석사 '무량수전無量壽殿' 편액을 비롯한 왕의 친필 편액과 신라 명필 김생, 조선의 추사 김정희, 원교 이광사, 창암 이삼만 등 당대 최고 명필의 글씨가 새겨진 편액들이 전국 사찰 건물 곳곳에 걸려 있다. 사찰에는 이렇게 귀중한 문화재 현판이 많은데도 불구하고 국보나 보물 등 국가지정문화재로 지정된 경우는 하나도 없다. 지방문화재로 지정된 것도 추사의 글씨인 봉은사 '판전板殿' 현판이 서울시 유형문화재 제84호로 지정된 것이 유일하다.

편액 글씨는 특히 금석문*에서는 찾아볼 수 없는 대자大字 글씨의 특별한 서체와 서풍을 다양하게 살필 수 있어 더욱 소중한 문화재다. 그런데도 이에 대해 본격적으로 연구하지 않고 체계적 분석 및 정리가 되지 않아 그 가치가 제대로 빛을 발하지 못하고 있다. 제대로 관리하지 못하는 경우도 적지 않다.

전국 곳곳의 고찰에 즐비한 이런 편액을 감상하며 즐길 수 있다면, 사찰 참배나 탐방의 즐거움을 훨씬 더할 수 있을 것이다. 대표적 사찰 현판들을 소개한다.

부석사 '무량수전',
화엄사 '각황전' 편액　　　　영주 부석사의 본전인 무량수전은 1962년에 국보 제18호로 지정된, 더없이 귀중한 문화재다. 이 건물에 더욱 생명을 불어넣고 있는 것이 바로 '무량수전' 편액이다. 편액 틀의 모양과 장식이 유례

---

*　쇠로 만든 종이나 돌로 만든 비석 따위에 새겨진 글자.

영주 부석사 무량수전에 걸린 '무량수전' 편액. 고려 공민왕의 글씨로 전한다. 오랜 세월로 대부분 퇴색되었으나 자세히 보면 글씨 부분은 금니(金泥)*로 된 것임을 확인할 수 있다.

를 찾기 어려울 정도로 특별하다. 일반적인 편액 형식과 다르게 네 글자를 세로 두 줄로 쓴 것도 특이하지만, 무엇보다 현판의 고색창연함이 눈길을 끈다. 아마도 650여 년 전에 건물을 중창했던 당시에 새로 단 현판으로 생각된다.

　이 편액 글씨의 주인공은 고려 공민왕이다. 편액 뒤에 공민왕 친필이라는 기록이 있다고 한다. 이 편액이 650여 년 전에

---

* 　그림을 그리거나 글씨를 쓸 때 사용하는 아교에 개어 만든 금박 가루. 어두운 바탕의 종이에서 독특한 효과를 낸다.

구례 화엄사 각황전에 걸린 성재 이진휴 글씨 '각황전' 편액.

만든 것이라면, 우리나라 사찰 편액 중 가장 오래된 것이 아닐까 싶다.

공민왕은 어떻게 이 글씨를 남기게 되었을까. 공민왕은 1361년 홍건적이 침입해 개경이 함락될 위기에 놓이자 몽진**을 해야 했다. 여러 가지를 고려한 끝에 피난지로 결정한 곳이 지금의 영주인 순흥이었다. 공민왕 일행은 그해 겨울에 소백산맥 준령을 넘어 순흥에 도착했다. 그러나 순흥의 날씨가 너무 추워 안동으로 다시 옮겨 머물다가, 홍건적을 물리친 후인 이듬해 2월 개경으로 돌아갔다. 순흥에 머물 당시 공민왕은 영주 지역에 몇 점의 편액 글씨를 남겼는데 '무량수전'은 그 대표 작품이다.

구례 화엄사의 대표 전각인 각황전은 그 규모와 장엄함, 아

** 임금이 난리를 피해 떠남.

름다움, 고색창연함 등의 면에서 모두가 감탄할 만한 목조 건물이다. 1702년에 완공된 현재의 각황전국보 제67호의 위층 처마에 이 건물에 어울리는, 중후한 필치의 편액 '각황전覺皇殿'이 걸려 있다.

각황전의 원래 이름은 장육전이었다. 장육전은 다른 전각과 함께 임진왜란 때 불탔다. 이후 1636년 대웅전이 중건되고, 장육전은 숙종 28년인 1702년에 중건되었다. 장육전 완공 후 숙종 임금은 이 전각에 '각황전'이라 사액했다. 숙종이 전각을 중건하고 각황전이라는 이름을 내린 것과 관련해 다음과 같은 이야기가 전하고 있다.

전각 중건을 위한 화주승化主僧*을 맡은 계파 스님이 꿈속 노인이 알려 준 대로 절을 나서 처음 만난 사람인 걸인 할머니에게 시주를 부탁했다. 그러자 걸인은 죽어서 왕궁에서 태어나 불사를 이룩하기를 빌며 길옆의 못에 몸을 던져 목숨을 끊었다. 스님은 그 일 이후 5년이 지난 뒤 한양에서 어린 공주와 마주쳤는데, 공주가 반가워하며 스님에게 달려와 안겼다. 그리고 태어난 후 한 번도 펴지 않았던 한쪽 손을 폈고, 그 손바닥에는 '장육전'이라는 글자가 쓰여 있었다.

이 일을 전해 들은 숙종은 스님을 대궐로 불러들여 자초지종

---

* 인가에 다니면서 사람들이 법연(法緣)을 맺게 하고, 시주를 받아 절의 양식을 대는 승려.

영천 은해사 성보박물관에 보관되어 있는 추사 김정희 글씨 '불광' 편액.

을 들은 후 장육전 중건을 명했다. 그리고 전각 이름도 '왕을 깨우쳐 전각을 중건하게 했다.'는 의미의 '각황전'으로 바꾸도록 했다.

각황전 편액 글씨는 성재 이진휴1657~1710가 1703년에 썼다. 이진휴는 함경도관찰사, 도승지, 안동부사, 예조참판 등을 역임한 문신으로 특히 서예에 뛰어났다.

추사 김정희의
글씨 편액이 많아

불교와 인연이 깊고 선지식善知識 대접을 받기도 한 추사 김정희는 전국의 유명 사찰 곳곳에 편액과 주련을 다수 남겼다.

칠곡 송림사 '대웅전' 편액. 숙종 글씨로 전한다.
같은 글씨 편액이 불국사 대웅전에도 걸려 있다.

봉은사에서는 당시 남호 영기 스님이 화엄경을 직접 손으로
베껴 쓰고, 이를 목판에 새겨 인출하는 불사를 진행했다. 이 화
엄경판이 완성되자 봉은사에 안치하기 위해 법당을 건립했다.
영기 스님은 이 판전의 편액 글씨를 봉은사에 기거하던 추사에
게 부탁했다. 1856년 9월의 일이다. 추사는 1856년 10월 10일
에 세상을 떠났는데, 이 '판전板殿' 편액 글씨가 마지막 작품으로
인정되고 있다. 추사체의 완결판으로 평가받는 걸작이다.

팔공산 은해사는 추사 글씨의 야외 전시장으로 불릴 정도로
추사 글씨의 현판이 많다. 은해사에만 '불광佛光', '대웅전大雄殿',
'보화루寶華樓', '은해사銀海寺', '일로향각一爐香閣', '산해숭심山海崇
深' 등의 편액이 있고, 은해사 부속 암자인 백흥암에는 '시홀방

장十笏方丈'편액과 주련 작품이 있다.

은해사에 남긴 글씨는 대부분 추사의 대표작으로 꼽히는 작품들이다. 은해사는 1847년 대화재 후 1849년에 중건 불사를 마무리하였는데, '대웅전', '보화루', '불광' 등의 편액 글씨는 추사가 이때를 전후해 남긴 것으로 추정된다. 그러니 추사가 1848년 제주 유배에서 풀려난 이후 1851년 북청으로 다시 유배의 길에 오르기 전까지 기간에 남겼을 것이다.

은해사의 글씨 중에서도 '불광'은 대표적 수작으로 꼽힌다. 이 편액은 불광각에 걸려 있었다는 기록이 있지만, 현재는 그 전각이 없다. 대웅전 안쪽 등에 걸려 있다가 지금은 은해사 성보박물관에 전시돼 있다. '불광' 편액은 판자 네 장을 세로로 이어 붙여 만든 대작이다. 세로 135cm, 가로 155cm 정도 된다. '불'자의 가장 긴 세로획의 길이는 130cm가량이다. 현존하는 추사의 친필 글씨 작품 중 가장 큰 작품으로 파악된다.

이 밖에 지리산 쌍계사 금당에 걸린 '육조정상탑六祖頂相塔'과 '세계일화조종육엽世界一花祖宗六葉', 해남 대흥사의 '무량수각無量壽閣' 등도 추사의 글씨 편액이다.

소중한 가르침이 담긴 주련

산사에서 접하는 다양한 주련은 편액과 더불어 사찰이 품고 있는 귀중한 보물 중 하나라고 할 수 있다. 인간 삶에 도움을 주는 소중한 가르침들을 담고 있는 데다 예술 작품이기도 하기 때문이다.

주련은 좋은 글귀를 종이에 쓰거나 판자에 새긴 것을 건물의 기둥이나 벽에 연이어 걸어 놓은 것을 말한다. 사찰의 주련은 불교 경전의 내용이나 선사들의 게송 등을 담고 있는데, 대부분 일반인이 쉽게 해득할 수 없는 한문으로 되어 있다. 안타까운 점이다. 이런 주련의 내용을 알면 사찰 탐방이나 참배의 의미가 훨씬 더 깊어질 수 있을 것이다.

법당 주위를 걸으며 보다

화엄사에서 찾아보는 대표적인 주련들

지리산 화엄사는 큰 사찰로 전각이 많으니 주련도 많다. 최근에 지은 전각도 적지 않아 새로 제작해 단 주련도 많지만, 가장 큰 전각인 각황전이나 그 옆의 원통전, 대웅전 등은 수백 년이 된 옛 건물에 걸맞게 고색창연한 멋진 주련이 걸려 있어 눈길을 끈다. 이 주련을 중심으로 화엄사의 주련 일부를 소개한다.

보기 드물게 웅장하고 멋진 각황전의 주련은 어떤 내용을 담고 있을까. 글씨는 예서체로 썼다.

위대한 경전과 논서 모두 통달하시고
일생 동안 널리 펴고 지킨 공덕 깊도다.
걸출한 삼천 제자 법등法燈을 나누어 이어 가니
화엄의 종풍 전국을 휩쓸었네.

偉論雄經罔不通
一生弘護有深功
三千義學分燈後
圓敎宗風滿海東

인도에서 온 하나의 등불 온 세상 밝히니
우리나라에 천년을 전하여 다섯 갈래로 피어났도다.
이 많은 청정한 빛 노닐며 갚으려 하니

지리산 화엄사 각황전에 걸린 주련. 예서체로 쓴 이 주련들은 화엄사를 창건한
연기조사의 공덕을 찬탄하는 내용 등을 담고 있다.

흰 구름 머리에 감도는데 누구와 함께할 것인가.

西來一燭傳三世

南國千年闡五宗

遊償此增淸淨債

白雲回首與誰同

1~4연은 《대각국사 문집大覺國師文集》에 있는 〈화엄사례연기
조사영華嚴寺禮緣起祖師影: 화엄사에서 연기조사의 진영에 예를 표하다〉에 나오
는 글이다. 화엄사를 창건한 연기조사의 공덕을 찬양하고 있다.
5~8연은 설암 추붕선사의 문집인 《설암난고雪巖亂藁》에 나오는

〈제화엄사장육전題華嚴寺丈六殿〉이라는 글의 일부다.

각황전 앞에서 오른쪽으로 눈을 돌리면 보이는 원통전에도 유려한 행서로 된, 각황전 주련처럼 색 바랜 주련이 네 개 걸려 있다.

바닷속 붉은 연꽃 한 송이 피어나

푸른 파도 깊은 데서 신통을 보이시네.

어젯밤엔 관자재께서 보타에 계시더니

오늘은 도량 가운데 강림하셨네.

一葉紅蓮在海中

碧波深處現神通

昨夜普陀觀自在

今日降赴道場中

이는 관세음보살을 주불로 모시는 원통전이나 관음전에 거는 대표적 주련이다.

다음은 대웅전 주련이다. 이 대웅전 주련은 다른 사찰의 대웅전 주련 글귀와 달라 눈길을 끈다.《선문염송집禪門拈頌集》,〈의상조사법성게義湘祖師法性偈〉등에서 가져와 엮은 것이다.

수양버들 수없이 늘어진 마을

누각들 겹겹이라 화장세계로구나.

화엄사 청풍당에 걸린 한글 주련.

법음 퍼지는 높이 솟은 누각

자색 비단 휘장 속 진주 뿌린 듯

법우 내려 허공 가득한 중생 이롭게 하니

일체중생 근기 따라 이익을 얻는구나.

四五百株垂柳巷

樓閣重重華藏界

二三千尺管絃樓

紫羅帳裏撤眞珠

법당 주위를 걸으며 보다

雨寶益生滿虛空

衆生隨器得利益

    화엄사는 한문을 모르는 이들을 배려해 사람들이 많이 출입하는 전각에 걸린 대부분의 주련 아래에 한글 해석을 붙여 놓았다. 최근 들어 이처럼 한글 해석문을 붙여 놓는 사찰들이 늘고 있는 것은 다행한 일이다.

    화엄사는 여기에서 더 나아가 새로 지은 전각에 한글 주련을 달아 사찰을 찾는 이들을 배려하고 있다. 보제루 아래, 만월당 맞은편의 청풍당의 주련은 〈문수동자게文殊童子偈〉를 한글로 풀이한 글귀 '성 안 내는 그 얼굴 참다운 공양구요 / 부드러운 말 한마디 미묘한 향이로다'를 걸고 있다.

전각의 성격에 맞게
글귀 구성

    사찰 건물에는 이처럼 많은 주련이 걸려 있지만, 보통 대웅전을 비롯해 극락전극락보전, 관음전원통전, 지장전, 나한전응진전, 종각 등 전각의 기능이나 용도에 따라 같은 글귀나 유사한 내용의 글귀가 걸린다.

    석가모니불을 모시는 대웅전에 걸리는 대표적 주련 글은 부처님을 찬탄하는 〈찬불게讚佛偈〉로 다음의 글귀다.

하늘 위와 아래에 부처님 같은 분 없고
온 세상의 그 무엇과도 비교할 수 없네.
세상천지 다 찾아보아도
부처님 같은 분 어디에도 없네.
天上天下無如佛
十方世界亦無比
世間所有我盡見
一切無有如佛者

다음 글귀도 대웅전 주련으로 많이 건다.

부처님 법신은 어느 곳에나 두루 다 있고
삼세 부처님들도 모두 이와 한가지라네.
넓고 큰 원력은 언제나 다함이 없으니
넓고 넓은 깨달음의 세계 아득하여 다함이 없네.
佛身普遍十方中
三世如來一體同
廣大願雲恒不盡
汪洋覺海渺難窮

전각이 커서 주련이 더 필요하면 여기에다《화엄경華嚴經》에
나오는 구절을 더해 걸기도 한다.

관음전의 대표적 주련으로는 앞에서 소개한 화엄사 원통전 주련 글귀와 함께 다음의 구절이 많다. 보통 따로 걸지만, 기둥이 많으면 여덟 개 주련이 함께 걸리기도 한다.

백의관음 말없이 말씀하시고
남순동자 들음 없이 들으시네.
화병 위의 푸른 버들 늘 여름이요
바위 앞 푸른 대나무는 온통 봄빛이네.
白衣觀音無說說
南巡童子不聞聞
瓶上綠楊三際夏
巖前翠竹十方春

아미타불을 모시는 극락전의 대표적 주련 글은 다음과 같다.

극락당의 보름달 같은 얼굴
옥호의 금색 광명 허공 가득 비추니
누구나 아미타불 일념으로 염불하면
잠깐 사이에 무량 공덕 원만하게 이루리.
極樂堂前滿月容
玉毫金色照虛空
若人一念稱名號

영천 은해사 백흥암 진영각에 걸린 주련. 추사 김정희의 글씨로 전한다.

頃刻圓成無量功

종각 주련에는 보통 새벽 종송鐘頌과 저녁 종송이 주련으로
걸린다. 새벽 종송을 먼저 소개한다.

원컨대 이 종소리 법계에 두루 퍼져
철위산의 깊은 어둠 다 밝히고
지옥 · 아귀 · 축생의 고통 여의고 칼산지옥도 부수어
모든 중생이 바른 깨달음 얻게 하소서.
願此鐘聲遍法界
鐵圍幽暗悉皆明
三途離苦破刀山

一切衆生成正覺

저녁 종송은 다음과 같다.

이 종소리 듣고 번뇌는 끊고
지혜를 길러 보리의 마음 내어
지옥을 여의고 삼계의 고통 벗어나
깨달음 이루어 중생을 제도하소서.
聞鐘聲煩惱斷
智慧長菩提生
離地獄出三界
願成佛度衆生

주련에 관심을 두다 보면 같은 글씨의 주련이 여러 사찰에 걸려 있는 것을 발견하는 즐거움도 누릴 수 있다. 편액도 그렇지만 주련도 글씨가 좋은 경우 같은 글씨 주련이 여러 사찰에 걸리기도 한다.

예를 들면 한 시대를 풍미했던 대구의 걸출한 서화가 석재 서병오1862~1936의 작품이 영남 지역 사찰에 많이 걸려 있는데, 동화사 대웅전에 걸린 네 개의 주련 '천상천하무여불天上天下無如佛'도 석재의 글씨 작품이다. 같은 글씨의 주련이 청도 적천사 대웅전, 청송 대전사 대웅전, 창녕 관룡사 대웅전 등 여러 전각

에 걸려 있다. 또한 양산 통도사 관음전과 김천 직지사 관음전
에도 서병오의 글씨 주련 '일엽홍련재해동一葉紅蓮在海東'이 걸려
있다.

건물을 잘 지어 놓고 주련이나 편액 글씨의 수준이 낮아 전
각의 품격을 떨어뜨리는 경우를 종종 접하기도 한다. 주련을 제
작할 때, 글씨 쓰는 사람이나 각을 하는 작가를 잘 선택하는 스
님들의 안목도 중요하다.

탄성이 절로 나오는 성혈사 꽃살문

영주 성혈사 나한전의 꽃살문. 직접 실물을 대하고 보니 기대 이상이었다. 탄성이 저절로 나왔다. 성혈사 나한전 꽃살문은 우리나라의 대표적 사찰 꽃살문으로 손꼽힌다. 특히 통판자에 꽃문양을 투조해 만든 세 짝의 통판투조 꽃살문은 최고의 꽃살문으로 인정받고 있다.

성혈사는 소백산 국망봉 아래에 있는 월명봉의 동남쪽 기슭인 영주시 순흥면 덕현리에 자리 잡고 있다. 신라 때의 승려 의상대사가 창건한 것으로 전한다. 성혈사라는 이름의 '성혈聖穴'은 사찰의 남쪽 근방에 굴이 있는데, 이 굴에서 옛날에 성승聖僧이 나왔다 하여 붙여진 이름이다.

소박한 법당의 절묘한 아름다움

1553년에 세우고 1634년에 중창한 성혈사 나한전은 석조비로자나불과 나한 16위를 모신 법당이다. 전면 세 칸, 측면 한

영주 성혈사 나한전. 이 나한전의 꽃살문은 최고의 사찰 꽃살문 중 하나로 손꼽힌다.
특히 가운데 어간의 연지수금(蓮池獸禽) 꽃살문과 그 오른쪽의 통판 투조 모란꽃살문이
유명하다.

칸의 단층 맞배지붕 구조로, 작고 소박하다. 봉안된 석조 비로
자나불은 통일신라 시대에 조성된 것이라 한다. 반면 16나한은
문화재청의 2007년 〈실측조사보고서〉에 따르면, 부산의 모 대
학교수가 근래에 만든 작품이란다.

이 건물은 보물로 지정돼 있는데, 아마 멋지고 아름다운 꽃살문이 큰 역할을 했을 것이다. 성혈사 성혈에서 어떤 성승이 나왔는지 모르겠지만, 나한전 꽃살문이 그 성스러움을 드러내고 있다는 생각을 해 본다.

나한전 꽃살문은 나한전이 중창된 1634년 당시에 제작된 것으로 추정된다. 전면 세 칸의 여섯 개 문짝 모두가 꽃살문이다. 연꽃이 중심인 어간의 문짝은 전체적으로 녹색, 모란을 표현한 그 양쪽 문짝은 붉은색 단청의 흔적이 남아 있다. 거의 퇴색되어 약간의 흔적만 남은 상태가 주는 멋이 각별하다. 색이 바래지 않았을 때의 모습을 상상해 보는 재미도 있다.

문짝은 안쪽으로 밀어 여는 구조다. 문을 열면 꽃살문이 법당 안의 비로자나불과 16나한을 향하게 된다. 나한전을 마주할 때 왼쪽 칸 두 개 문짝은 문양화된 모란꽃을 새긴 꽃살문이다. 여섯 장의 꽃잎으로 된 꽃을 중심으로 원형의 줄기가 겹으로 감싼 모양이 반복되는 구조다. 그 조화로움과 조각 솜씨가 절묘하다. 넝쿨 모란 문양을 이렇게 표현한 것은 이 꽃살문의 창의력을 보여 주는 점이다.

연지수금蓮池獸禽 꽃살문

어간인 가운데 두 문짝은 연꽃이 핀 연못에 여러 마리의 새와 어패류들이 노니는 모양을 표현한 연지수금蓮池獸禽 꽃살문이

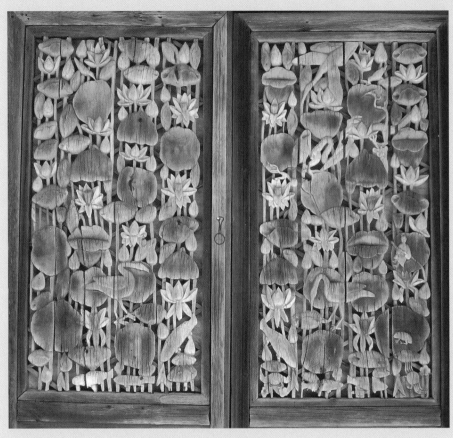

나한전 꽃살문 중 가운데 어간의 연지수금 꽃살문.

다. 연지의 세계를 담아낸 이 문짝이 나한전 꽃살문의 압권이다.
각각 네 개의 세로 판자에 투조해 만든 꽃살문을 빗살 위에 붙
여 만들었다.

　　두 개의 문짝이 전체적으로 대칭의 형태를 띠고 있지만 세
부적인 내용은 다르다. 왼쪽 문짝을 보면 가장 아래쪽에는 물고
기들이 연잎과 연꽃 사이에서 노닐고 있다. 그 위에는 백로 한
마리가 물속을 보며 고기를 노리고 있는 듯하다. 위쪽에는 다른

　　　　　　　　　　법당 주위를 걸으며 보다

연지수금 꽃살문 중 동자 부분.

새 한 마리가 연잎을 쪼고 있다. 문은 연잎과 연꽃이 가득 채우고 있다. 40송이 가까이 되는 연꽃은 작은 봉오리부터 갓 피기 시작한 꽃, 만개한 꽃, 연밥을 머금은 것 등 다양하다. 연잎의 모양새도 다채롭다. 활짝 열린 것도 있고 오므린 것과 반쯤 벌린 것도 있다. 축 늘어진 연잎도 있다. 찬찬히 보는 재미가 쏠쏠하다.

오른쪽 문짝의 세계는 더욱 역동적이다. 물고기와 백로에다 게 두 마리, 개구리아마도 맹꽁이가 있다. 위쪽에는 구름을 타고 날고 있는 용도 있다. 그 위에는 새 한 마리가 금방 잡은 물고기 한 마리를 입에 물었다. 연꽃 대를 타고 노는 동자도 묘사해 놓

나한전 꽃살문 중 통판 투조 모란꽃살문.

고 있다. 이 문짝에는 백로가 한 마리 더 있다. 맨 위에 있는데 물고기를 보고 하강하는 모습이다.

이렇게 가운데 문짝에는 고요하고 평화로운 가운데 온갖 생명체들이 약동하는 연못 세계가 펼쳐져 있다.

통판투조 모란꽃살문

어간 오른쪽에 있는 두 개의 문짝은 대칭의 정형을 벗어난 파격적인 아름다움을 선사한다. 두 문짝 중 왼쪽 것은 어간 왼쪽 문짝과 같은 꽃살문인 반면, 오른쪽 문짝은 중복되는 모란

모란꽃살문의 모란꽃 중 하나.

문양을 배경으로 중심에 큼직한 모란 한 포기를 통째로 새겨 장식하고 있다. 세 쪽의 판자로 크고 작은 꽃과 잎, 줄기가 있는 모란을 사실적으로 새겨 빗살 위에 고정해 놓았다.

열 송이 꽃이 있는 모란 한 포기를 입체적으로 표현한 이 모란꽃살문은 원근감과 입체감도 잘 살려 냈다. 제일 아래쪽의 큰 모란꽃은 정면을, 그 좌우의 꽃은 옆모습을 작게 묘사했다. 가운데의 세 송이 꽃도 마찬가지다. 맨 위쪽의 꽃은 피어나려는 꽃봉오리 상태고, 그 아래에 새 한 마리가 앉아 있다. 꽃줄기의 가장 아랫부분은 화초임에도 나무 밑둥치처럼 굵게 표현해 안

정감과 넉넉함을 주었다.

멋지고 흥미로운 꽃살문이다. 살아 있는 생생한 모란꽃을
보는 듯하다. 모란 잎과 꽃이 하나하나 모두 생동감 넘친다. 그
런데 많은 꽃 중에 왜 모란을 새겼을까?

모란은 꽃 중의 왕으로 대접받고, 사람들이 가장 원하는 부
귀를 상징하는 꽃이다. 모란을 찬미한 대표적 시로 당나라 말기
의 시인 피일휴의 〈모란牧丹〉이 있다.

다 떨어지고 남은 붉은 꽃잎 비로소 향기를 토해 내니
아름다운 그 이름 모든 꽃 중의 왕이라 불리네.
천하에 그 아름다움과 견줄 것이 없으니
이 세상에서 으뜸가는 향기 홀로 차지하였네.
落盡殘紅始吐芳
佳名喚作百花王
競誇天下無雙艶
獨占人間第一香

제4장

안으로 들어가 돌아보다

대웅보전의 기단 밑에는

울진의 대표적 산사인 불영사. 부처 형상의 바위 그림자가 연못에 비친다고 해서 이름이 붙여진 불영사佛影寺는 역사도 깊은 고찰이다. 신라 의상 스님이 651년에 창건한 사찰로 전한다. 비구니 사찰로 정갈하고 차분한 분위기에다 소중한 문화재도 적지 않고, 입구 금강송 숲길도 아름다워 많은 사람이 찾는 산사이다.

이 불영사를 찾는 사람이면 누구나 눈길을 보내게 되는 대상이 있다. 대웅보전 기단 아래 양쪽에서 목을 내밀고 있는 돌거북 두 마리이다.

울진 불영사 대웅보전.

기단을 짊어지고 있는
두 거북

대웅보전은 전면 세 칸, 측면 세 칸 규모의 건물이다. 기단은 일종의 가구식架構式 기단이다. 면석과 그 위에 덮개로 얹는 갑석甲石으로 구성되었다. 2단으로 된 면석은 평평하게 다듬어 허튼층쌓기*를 하였다. 석재가 서로 물리는 곳은 부분적으로 귀 부분을 짜 맞추어 성곽돌 쌓듯이 해 놓았다.

———

* 크기가 다른 돌은 불규칙하게 쌓기.

안으로 들어가 돌아보다

이 기단 가운데 계단을 만들고, 그 양옆 아래 중앙에 돌로 만든 거북 머리가 정면을 향해 고개를 들고 있다. 머리와 앞발 부분만 노출되어 있는데, 마치 대웅보전을 거북 두 마리가 등에 짊어지고 있는 듯하다.

이 거북은 불영사가 있는 자리가 '화산火山'이어서 그 불기운을 누르기 위한 비보책으로 만든 것이라고 한다. 다른 이야기로는 대웅전이 자리한 지형이 바다를 닮아 거북으로 받쳐 주어 물에 가라앉는 것을 막도록 한 비보책이라는 설도 있다.

거북이 법당을 짊어지고 있는 이 파격적 건축 장치는 대웅보전이 반야용선임을 표현하기 위해 거북을 묻은 것이라는 견해도 있다. 앞서 언급했듯이 반야용선은 사바세계에서 깨달음의 세계인 피안의 극락정토로 중생들을 건네주는 반야바라밀의 배를 말한다.

두 마리 돌거북의 몸통은 기단석 아래에 묻혀 있는 것처럼 보이지만, 몸체는 없다고 한다. 몸체를 따로 만들지는 않았을까 하는 의문이 든다. 그럼 그 몸체는 어디에 있을까?

거북 몸체는
대웅전 대들보에

대웅보전 안에서 그 몸체를 찾을 수 있다. 세 불상이 있는 불단 위의 천장을 가로지른 두 대들보 옆구리에 달라붙어 있다. 작아서 유심히

불영사 대웅보전 기단 아래 목을 내밀고 있는 거북 두 마리.

보지 않으면 보이지 않는다. 양쪽 대들보에는 세 개의 발톱을 가진 용 그림이 있고, 그 발톱 옆에 거북이 각각 한 마리씩 붙어 있다. 금색인데, 다리와 꼬리가 달린 몸체만 있다. 머리 부분이 없다. 머리는 밖에 있기 때문이다.

재미있다. 우리의 해학성을 잘 보여 주는 조각이다. 전해 오는 이야기로는 금으로 만든 거북이라 하지만, 오래전에 이를 조사한 문화재 위원의 보고서에 의하면 동銅으로 만든 것이라고 한다.

기단 아래의 돌거북과 법당 안의 금거북을 같은 시기에 만들었는지는 모르겠다. 보물 제1201호인 불영사 대웅보전의 건

립 시기는 대웅보전 내부에 걸린 탱화의 묵서명에 '옹정 3년 을
사雍正三年乙巳'라고 기록되어 있는 것으로 보아 1725년에 세워졌
을 것으로 추정된다.

법당의 불상 뒤 벽에는 1725년에 조성된 후불탱화인 영산
회상도가 걸려 있다. 보물 제1272호이다. 여섯 명의 스님들이
그렸다고 한다. 비교적 보존 상태가 양호한 이 탱화는 18세기
초 조선 불화를 연구하는 데 중요한 자료적 가치를 지니고 있다.

법당 내부는 이와 함께 기둥과 도리 사이에 조각한 용두 네
점, 반야용선, 비천상, 단정학丹頂鶴, 극락조, 백호 등 수준 높은
그림과 조각, 건축 부재 등으로 장엄해 아름다운 분위기를 연출

대웅보전의 기단 밑에는

했다.

불단 위에 봉안된 세 개의 불상은 2002년에 조성한 것이라고 한다. 높이가 1m 정도 되는 이 불상들은 경내에 있던 600년 수령의 은행나무가 태풍으로 부러진 것을 활용했다. 그 나무 등치를 4년간 물에 담그고 말리기를 반복한 후에 제작한 것이라고 한다.

불영사의
창건 설화

불영사가 위치한 천축산은 산세가 인도의 천축산天竺山과 비슷하다 하여 천축산이라 불렀다. 651년 의상대사625~702가 창건했다는 불영사의 창건 설화도 흥미롭다.

의상이 신라의 수도 경주에서 해안을 따라 단하동丹霞洞 해운봉에 올라 북쪽을 바라보니, 서역의 천축산을 옮겨 온 듯한 지세가 있었다. 가까이 가 보니 맑은 물 위에 부처님 다섯 분의 형상이 드리워져 있었다.

그러나 그 부근 폭포에 독룡毒龍이 사는 것이 보였다. 의상은 독룡에게 설법하고 이 땅을 보시할 것을 청했다. 그러나 용이 따르지 않자 법력으로 쫓아냈다. 용은 산을 뚫고 돌을 부수며 떠났다. 의상은 그 못을 메워 사찰을 건립했다. 의상은 이어서 남쪽에 청련전靑蓮殿을 짓고 무영탑無影塔을 세워 비보裨補한

불영사 대웅보전 내부. 천정 대들보에 목이 없는 거북 두 마리가 붙어 있다.

뒤 산 이름을 천축산, 절 이름을 불영사라 하였다.

　연못에 비친 부처님 모습의 바위는 불영암佛影巖 , 용이 산을 뚫었다는 자리는 용혈龍穴 , 용이 도사리고 있던 곳을 오룡소五龍沼 라고 했다. 불영사를 휘감아 도는 광천光川 계곡은 구룡九龍 계곡으로도 불린다. 지금 사찰 경내에 있는 연못이 바로 의상대사가 부처님 그림자를 보았다는 불영지다.

　불영사를 창건한 의상은 그 뒤 오랫동안 천하를 두루 다니다가 오랜만에 다시 불영사로 돌아왔다. 그때 사찰 입구의 마을

대웅보전의 기단 밑에는　　　211

에 이르러서 한 노인을 만났는데, 그는 몹시 기뻐하며 "우리 부처님이 드디어 돌아오셨군요."라고 말했다. 그 이후로 불영사를 불귀사佛歸寺로 부르게 되었다.

의상은 불영사를 창건하고 9년 동안 머물렀고, 원효 스님도 왕래했다고 한다. 그리고 당시 불영사 주변에는 동쪽으로 삼각봉, 절 아래로 좌망대와 오룡대, 남쪽으로 향로봉 · 청라봉 · 종암봉, 서쪽으로 부용성 · 학소대, 북쪽으로 금탑봉 · 의상대 · 원효굴 · 용혈 등이 있어 모두 절의 승경을 이루었다고 한다.

창건에 대한 이 내용은 1370년 유백유가 지은 《천축산불영사기天竺山佛影寺記》에 나와 있다.

사찰에 사는 용

봉황과 함께 상상의 동물인 용은 매우 신령스러운 존재로, 그 조화의 능력이 무궁무진하다. 용은 민족이나 지역, 시대에 따라 그 모습이나 역할이 조금씩 달랐다. 우리나라 사람들이 생각해 온 용은 중국인들이 상상했던 용의 모습과 비슷하다.

중국 위나라 사람 장읍이 지은 한자 사전인 《광아廣雅》는 용을 다음과 같이 묘사해 놓았다.

용은 인충鱗蟲 중의 우두머리로 그 모양은 다른 짐승들과 아홉 가지 부분에서 비슷하다. 머리는 낙타, 뿔은 사슴, 눈은 토끼, 귀는 소, 목은 뱀, 배는 큰 조개, 비늘은 잉어, 발톱은 매, 주먹은 호랑이와 비슷하다. 9·9 양수陽數인 81개의 비늘이 있고, 그 소리는 구리로 만든 쟁반을 울리는 소리와 같다. 입 주위에는 긴 수염이 있고, 턱 밑에는 명주明珠가 있다. 목 아래에는 거꾸로 박힌 비늘이 있으며, 머리 위에는 박산博山*이 있다.

이런 용에 대해 춘추전국 시대의 정치인 관중은 저서《관자管子》〈수지水地〉편에서 '다섯 가지 색깔을 마음대로 변화시키는 능력이 있는 신이다. 작아지고자 하면 번데기처럼 작아질 수도 있고, 커지고자 하면 천하를 덮을 만큼 커질 수도 있다. 용은 높이 오르고자 하면 구름 위로 치솟을 수 있고, 아래로 들어가고자 하면 깊은 샘 속으로 잠길 수도 있다'고 설명한다.

부정적 측면이 있는 서양과 달리 동양에서의 용은 이처럼 강력한 힘과 능력을 가지 수호신으로 통한다. 수호신 역할을 하는 용의 모습들은 산사에 가면 실컷 만나 볼 수 있다.

불법의 수호자인 용

불교에서 용은 불법을 수호하는 신장神將들인 천왕팔부신중天王八部神衆의 하나로, 여덟 용왕인 8대 용신이 대표적이다. 이 용신들은 부처님과 불법을 수호하고, 어려움에 처한 중생을 구제하는 역할을

---

* 공작의 꼬리 무늬같이 생긴 용이 지닌 보물.

부안 개암사 대웅보전 천장의 용두. 조각이 뛰어나다.

한다.

그래서인지 용은 사찰 곳곳에 다양한 장식물로 나타난다. 사찰 입구에 세우는 깃대인 당간幢竿의 꼭대기를 용머리 조각으로 장식하는데, 이를 용두보당龍頭寶幢이라 한다. 범종의 가장 윗부분에 있는 고리도 용의 모습을 하고 있다. 그래서 용뉴龍鈕라고 한다. 또 법고와 목어**에도 용 그림을 장식해 용의 소리를 통해 부처의 가르침을 우주 법계에 두루 울리게 한다는 상징성을 갖게 했다. 또한 석등에도 용을 조각해 진리의 등불을 수호하는

** 나무를 잉어 모양으로 만들어 매달고 불공을 할 때나 사람을 모을 때 두드리는 기구.

개암사 대웅보전 처마의 용두.

의미를 부여하기도 했다.

　일주문이나 불이문 등도 용으로 장식돼 있고, 탑의 상륜부와 법당의 공포栱包*에도 용을 조각해 부처님을 수호케 했다. 법당의 용 형상 가운데 법당 전면의 중앙 칸 양쪽 기둥머리 바깥쪽에 만들어 놓은 용머리의 경우, 안쪽에 용의 꼬리가 장식되어 있으며 이때 용의 머리는 극락세계를 향해 가는 반야용선의 앞

---

*　처마 끝의 무게를 받치기 위하여 기둥머리에 짜 맞추어 댄 나무.

안으로 들어가 돌아보다

부분을 상징한다. 또 법당 안 불상의 머리 위를 장식하는 닫집 속과 불상을 올려놓는 대좌에 용을 배치해 부처님을 최근거리에서 수호하게 했다. 법당 천장과 기둥에도 용을 조각해 장엄하고 있다. 불화佛畵에도 용이 등장해 부처님과 그 제자들을 수호하는 역할을 수행한다.

승주 선암사의 경우 계곡을 따라 올라가다 보면 아치형의 돌다리인 승선교를 만나게 된다. 이 다리 밑에는 용머리 조형물이 거꾸로 매달려 있다. 뛰어난 조각 솜씨가 발휘된 이 용머리는 계곡물을 타고 사찰 경내로 들어올지 모를 사악한 무리를 막는 역할을 한다.

이처럼 용은 일찍부터 우리나라 불교에 수용되어 사찰의 중요한 장엄물로 다양하게 활용되며 사랑받아 왔다.

대웅전의
용 조각

사찰의 용 중에서도 본존 불상을 모신 대웅전, 대웅보전의 용 조각이 대표적이다.

부안 능가산 개암사의 대웅보전 용 조각은 특히 뛰어나다. 1636년에 중건된 이 대웅보전보물 제292호을 보면, 우선 바깥 처마 두 귀퉁이에 멋진 용머리가 조각돼 있다. 뛰어난 솜씨를 보여 주는 작품이다. 2012년에 단청을 했는데, 단청 전의 모습이 더 멋지다. 법당 안, 불상 주위의 천장에 있는 일곱 개의 용머리

강진 백련사 대웅보전 용두.

조각은 보는 이들을 압도할 정도로 생동감 넘치는 모습이다. 대들보 위로 머리를 길게 내밀고 있는 용은 몸통까지 형상화했고, 머리만 있는 용은 그 위에 봉황을 함께 조각했다. 불상 위의 닫집에도 다섯 마리가 엉켜 있는데, 마치 살아 있는 듯하다.

꽃살문으로 유명한 내소사 대웅보전보물 제291호 천장에서도 특별한 형태의 용 조각을 만날 수 있다. 1633년에 건립된 이 대웅보전 안으로 들어가면 양쪽 공포 위에서 솟아나 대들보에 머리 부분을 걸친 두 마리 용이 내려다보고 있다. 몸체에는 비늘이 그려져 있고 용머리가 매우 화려하다. 부릅뜬 눈과 쫑긋한 귀, 날카로운 뿔과 긴 수염이 생동감을 준다. 한 마리는 물고기

공주 마곡사 대광보전 정면 왼쪽 용두(왼쪽).
해남 미황사 대웅보전 용두(오른쪽).

를 입에 물었고, 다른 한 마리는 붉은 여의주를 물고 있다. 바깥 처마 네 귀퉁이에도 용머리가 장식돼 있다.

　대구 팔공산 동화사 대웅전보물 제1563호에도 용이 정말 많다. 대웅전 앞쪽에서만 14마리나 만날 수 있다. 처마 아래 공포의 맨 위쪽에 조각된 용이 12마리, '대웅전' 현판 좌우에도 머리를 길게 내밀어 늘어뜨린 용이 한 마리 있다. 편액 뒤에 몸을 숨기고 머리만 내민 듯한 모습이 매우 창의적이다. 보통 법당 정면의 용 장식은 통도사와 마곡사의 대광보전처럼 중앙 칸의 양쪽 기둥 위에 하기 때문이다. 대웅전 뒤쪽 처마 귀퉁이 아래와 양측 공포에 다섯 마리가 더 있다. 그래서 모두 19마리의 용이 대웅전 바깥쪽에서 부처님을 수호하고 있다. 안쪽에 들어가면 불상 위 닫집에 네 마리의 용이 조각되어 있고, 양쪽 대들보에도

승주 선암사 앞 승선교 아래에도 용이 머리를 내밀고 있다.

한 마리씩 그려져 있다.

부처님의 가르침은 이처럼 막강 수호신인 용들이 몇 겹으로 둘러싼 채 지키고 있다. 사실 부처가 깨달은 진리는 그렇게 지키지 않아도 침범당하지 않을 것이다. 우리의 현실 삶에서 더 중요한 문제는 인간 사회의 진리라고 할 수 있는 양심과 정의를 지키는 일이다. 인간의 현실 삶에서는 눈에 보이는 용을 아무리 많이 동원해도 인간 스스로가 용의 역할을 하지 않는다면 양심과 정의가 설 자리는 점점 좁아질 것이다.

안으로 들어가 돌아보다

불상이 없는 법당이 있다?

불전佛殿이라고도 하는 법당에는 부처상이나 보살상이 봉안돼 있다. 대웅전, 원통전, 극락전, 비로전, 무량수전, 대적광전, 관음전, 명부전 등은 모두 그 이름에 맞는 다양한 부처상이나 보살상을 모시고 있다. 또 산신각에는 산신을 모시고 있다.

그런데 산사의 중심 법당인데도 불구하고 법당 안에 불상이 없는 곳이 있다. '적멸보궁寂滅寶宮'이라는 편액이 달린 전각이다. 불상이 없는 것은 예배의 대상이 법당 밖에 있기 때문이다. 적멸보궁의 예배 대상은 바로 석가모니 부처의 진신사리다. 이 사리가 봉안된 쪽으로 예배를 올릴 수 있도록 불단만 마련한 법당인 것이다.

이 적멸보궁은 눈에 보이는 불상 대신 눈에 보이지 않는,

부근의 땅속이나 탑 속에 모셔진 석가모니의 사리를 경배의 대상으로 삼고 있다. 석가모니가 열반한 후 그 시신을 화장하고 난 뒤에 남은 유골을 진신사리라고 한다.

이런 적멸보궁이 있는 대표적 산사가 다섯 군데 있다. 양산 영축산 통도사, 평창 오대산 상원사, 인제 설악산 봉정암, 영월 사자산 법흥사, 정선 태백산 정암사의 적멸보궁이다. 5대 적멸보궁으로 불린다. 5대 적멸보궁에 봉안된 진신사리는 643년 신라의 승려 자장이 당나라에서 귀국할 때 가져온 석가모니의 사리라고 전한다. 참고로 궁宮은 건물 위계상 전殿이나 각閣보다 우위에 있다.

통도사

적멸보궁　　　이런 적멸보궁은 산사에 독특한 미학의 공간을 만들어 낸다. 진신사리를 봉안하는 방식이 각기 다르기 때문이다.

통도사 적멸보궁은 진신사리를 봉안한 사리탑을 향해 서 있다. 이 법당에는 '금강계단金剛戒壇'을 비롯해 네 개의 편액이 사방 처마에 걸려 있다. 통도사의 중심 법당인 이 법당은 석가모니 진신사리를 봉안한 금강계단이 있는 쪽의 벽이 유리로 되어 있다. 이 법당 안에서는 금강계단의 진신사리탑을 향해 예배를 올리는 것이다.

양산 통도사 적멸보궁 앞에 있는 금강계단. 석가모니의 사리가 봉안돼 있다.

이 전각의 동쪽은 '대웅전大雄殿', 서쪽은 '대방광전大方廣殿', 남쪽은 '금강계단金剛戒壇', 북쪽은 '적멸보궁寂滅寶宮'이라는 현판이 걸려 있다. 적멸보궁 편액이 걸린 쪽 앞에 진신사리가 봉안된 금강계단이 있다.

석가모니 진신사리가 봉안된 금강계단은 우리나라의 전통적인 금강계단 형태를 따랐다. 정사각형의 넓은 기단을 상하 이중으로 쌓고, 가운데에 연꽃 모양의 받침돌 위에 종 모양의 사리탑을 봉안한 형태이다. 네 모서리에는 계단을 수호하는 사천왕상이 서 있다. 금강계단 뒤로는 잘생긴 소나무들이 둘러싸고 있다.

법흥사
적멸보궁　　　법흥사 적멸보궁은 통도사 적멸보궁과 다르다. 사리를 봉안한 탑이 따로 없다. 적멸보궁 법당에서 바라보면 멀리 바위산 능선이 보이고, 그 앞으로 잔디로 덮힌 거대한 무덤 같은 언덕이 펼쳐진다. 가장 앞쪽에 부도 하나와 석분이 눈에 들어온다. 석가모니 진신사리는 이곳 어디에 묻혀 있겠지만, 정확한 장소는 알 수가 없다.

이곳 부도에 대해 석가모니 진신사리를 봉안한 부도라는 이야기도 있으나 그 정확한 주인공은 밝혀지지 않았다. 전체가 팔각 형태인데, 두꺼운 지붕돌 표현이나 높은 지붕돌의 꽃장식 등으로 보아 고려 시대에 세운 작품으로 추정하고 있다.

이 부도 옆에 석분이 있다. 신라 선덕왕 때 축조되어 승려 자장이 수도했다고 하나 그 형태로 보아 고려 시대의 것으로 추정된다.

석분 밖은 완만한 경사를 이용하여 돌방石室 위를 흙으로 덮었다. 봉토는 높지 않으나 남쪽을 향한 입구의 정면만은 약간 높게 쌓았다.

사자산 법흥사 적멸보궁.
적멸보궁 뒤쪽의 산비탈 어디엔가 석가모니의 사리가 봉안돼 있다.

설악산

봉정암 적멸보궁

설악산 봉정암은 법당인 적멸보궁과 사리가 봉안된 탑 사이의 거리가 매우 멀다. 법당에서 보면 아득한 거리에 있는 사리탑은 산등성의 거대한 암반 위에 서 있다. 작고 소박한 탑이다. 주위의 절경과 어우러져 철마다, 시각마다 각별한 분위기를 선사한다.

진신사리가 봉안된 오층석탑은 설악산 소청봉 아래 해발 1,244m 높이에 위치에 있다. 사리탑은 3.6m 규모로, 거대한 바위를 기단부로 삼아 16개의 연잎을 조각하고 그 위에 탑신을 안치했다. 상륜부는 횃불처럼 생동감이 있어 눈길을 끈다. 1781년의《봉정암중수기鳳頂庵重修記》에 따르면, 자장율사가 당나라에서 얻은 석가모니 부처의 사리 7과가 이 탑에 봉안되었다고 기록하고 있다.

당나라에서 석가모니 진신사리를 모시고 돌아온 자장율사가 사리를 모실 자리를 찾던 중 봉황이 인도한 자리가 바로 설악산 용아장성 능선의 한 봉우리인 이곳이었다고 한다. 봉황이 인도하고 사라진 곳은 부처 형상의 바위 중 부처의 이마 부분이었다고 한다.

자장 스님은 그 자리에 사리를 봉안할 오층사리탑을 세우고 암자를 지은 뒤, 봉황이 부처의 이마로 사라졌다 하여 암자 이름을 봉정암鳳頂庵이라 붙이게 되었다고 전한다.

사리탑 서쪽으로 설악산에서 가장 험한 능선이자 절경을 자랑하는 용아장성과 공룡능선이 펼쳐진다.

정암사 · 상원사

적멸보궁   정암사 적멸보궁은 신라 선덕여왕 때 자장율사가 석가모니 진신사리를 강원도 정선군 고한읍 태백산에 수마노탑을 세워 안치하고, 이를 지키기 위해 세운 것이다. 석탑수마노탑은 정암사 적멸보궁 뒤쪽에

석가모니 진신사리가 봉안된 설악산 봉정암 오층석탑.
용아장성 능선의 암반을 기단석으로 삼아 세웠다.

자리하고 있다. 급경사를 이룬 산비탈에 축대를 쌓아 평평한 대
지를 만들고 석탑을 세웠다. 벽돌처럼 돌을 다듬어 올린 모전석
탑模塼石塔이다. 보물 제410호. 높이 9m.

사적기에는 신라 자장율사가 창건했다고 전하나, 고려 시대
의 건립으로 추정된다. 조선 영조 46년1770, 정조 2년1778, 고종
11년1874 등 여러 차례의 보수를 거쳤다.

오대산 상원사의 적멸보궁은 신라 선덕여왕 때 자장율사가

불상이 없는 법당이 있다?

창건했다고 전한다. 적멸보궁은 상원사를 지나 중대中臺 사자암 위쪽에 위치한다. 오대산의 중심인 비로봉과 주변 봉우리가 둘러싸고 있는 분지 가운데 중대1,189m에 남동향으로 자리하고 있다.

적멸보궁의 뒤편 어디엔가 부처님의 진신사리가 봉안돼 있으나 정확한 지점은 모른다고 한다. 석비가 세워져 있다. 불상이 없는 내부에서 뒷벽에 뚫린 창을 통해 뒤쪽 어딘가에 묻혀 있을 진신사리를 향해 예배하게 된다.

부처님을 위한 아름다운 지붕, 닫집

산사의 옛 전각 중에는 소중한 문화재가 적지 않다. 재력과 권력, 신심의 뒷받침 아래 당시의 대표적인 건축가, 공예가 들이 최고 수준의 솜씨를 동원한 작품들이다.

특히 법당 안에 들어서면 당대 최고 전문가들의 솜씨가 한곳에 농축된 조형물을 만날 수 있다. 불상 위 천장에 매달려 부처님을 장엄하는 닫집이다.

눈이 어지러울 정도로 화려하고 정교한 닫집은 전통 건축미와 공예미의 정수를 보여 주는 작품이다. 이런 닫집이지만 법당 안 천장에 있는 데다 조명이 제대로 안 되어 일반인은 물론 불교 신도들도 그 아름다움이나 가치를 잘 인식하지 못하고 있는 것 같다.

법당 불상 위에
만들어 놓은 장엄물

닫집은 존귀한 존재를 장엄하기 위해 건물 안 천장에 별도로 만든 집 형태의 조형물이다. 주로 사찰 법당의 불상 위나 궁궐의 어좌 위에 조성돼 있다. 닫집은 당가唐家라고도 하는데, 중국 당나라에서 수입된 집이라는 의미인 듯하다.

닫집의 '닫'은 '따로'라는 옛말로, 닫집은 '따로 지어 놓은 집'이란 뜻이다. 사찰의 닫집은 불단 위에 장엄물로 조성되는데, 천개天蓋라고도 한다. 처음에는 천으로 만들어졌으나 점차 목재를 주로 사용하게 되었다. 인도는 더운 나라여서 석가모니 부처님이 설법할 때 햇볕을 가리기 위해 산개傘蓋 일산日傘을 사용했는데, 이것이 후에 천장을 장식하는 닫집으로 발전한 것으로 보고 있다.

법당 닫집은 부처의 세계인 불국 정토, 극락세계의 궁전을 가리키는 적멸궁, 칠보궁, 만월궁, 내원궁 등을 상징한다. 이러한 닫집은 시대와 환경에 따라 조금씩 다른 양상을 보인다. 형태에 따라 일반적으로 보궁형寶宮形, 운궁형雲宮形, 보개형寶蓋形으로 나눈다.

보궁형은 공포를 짜 올려 천장과 별도로 독립된 집 모양을 설치하는 형식이다. 현재 가장 많이 남아 있는 형태다. 공포 아래에는 짧은 기둥이 달려 있는데 이를 헛기둥, 허주虛柱라고 부른다. 보궁형 닫집은 영주 부석사 무량수전과 안동 봉정사 극락전 닫집처럼 단아하고 조촐함을 보이다가 점점 화려하고 장식

논산 쌍계사 대웅전 닫집. 사찰 법당의 불상 위 천장에
장엄물로 만들어 놓은 닫집은 전통 건축미와 공예미의 정수를 담고 있다.

적으로 변해 갔다. 논산 쌍계사 대웅전, 완주 화암사 극락전, 강
화 전등사 대웅전, 부산 범어사 대웅전 등 사찰의 법당 닫집 대
부분이 보궁형이다. 보궁형은 일자一字형, 아자亞字형, 정자丁字
형 등으로 세분화하기도 한다.

　　운궁형은 공포를 짜 올리지 않고 장식 판재 등으로 구획을
짓고 안쪽에 극락조, 오색구름, 용, 봉황 등 길상의 상징물들로
장식한다. 청도 운문사 비로전, 서산 개심사 대웅전, 남양주 봉
선사 금당, 구례 천은사 극락보전, 경산 환성사 대웅전 등에서

볼 수 있다.

보개형은 천장 일부를 감실龕室처럼 속으로 밀어 넣은 형태로 설치된다. 특별한 장식물 없이 용이나 봉황 등을 단청으로 장식하고, 천장 속 공간의 사면에 공포 모형을 짜 넣어 집 모양을 만든다. 고려 후기와 조선 초기에 지은 법당에서 볼 수 있는 초기 닫집 형태다. 대표적으로 강진 무위사 극락보전과 안동 봉정사 대웅전, 문경 봉암사 극락전 등이 있다.

닫집은 보개형에서 운궁형, 보궁형으로 발전해 왔다. 보궁형의 경우 기둥으로 닫집의 하중을 받치는 형식인 지지주형支持柱型과 닫집을 천장에 매다는 형식인 현괘형懸掛型이 있다.

닫집은 다포계*의 섬세한 포작包作** 기술을 총동원하고 용, 극락조, 연꽃, 오색구름 등의 화려한 조형물로 장식해 신성한 불국 정토의 세계를 표현한 것인 만큼 특별할 수밖에 없다.

특히 유명한
논산 쌍계사 대웅전 닫집

사찰 닫집 중에서는 논산 쌍계사 대웅전의 닫집이 정교하면서도 절제된 품격을 갖춘 대표적 닫집으로 알려져 있다. 보

---

* 기둥머리 위와 기둥과 기둥 사이의 공간에 짜 올린 공포를 다포라 한다.

** 처마의 공포를 짜 맞추는 일.

안으로 들어가 돌아보다

해남 미황사 대웅보전 닫집.

물 제408호인 대웅전이 재건축된 1738년 당시에 조성된 것으로 추정되는 이 닫집은 보궁형 닫집의 전형을 보여 주는 수작으로 꼽힌다. 지지 기둥이 있는 지지주형 닫집으로 불단에 모셔진 세 불상 위에 각각 별도의 닫집을 조성했으며 다른 사찰의 닫집과는 달리 각각 '적멸궁寂滅宮', '칠보궁七寶宮', '만월궁滿月宮'이라는 편액이 걸려 있다.

가운데 석가모니불 위 닫집이 적멸궁이고, 왼쪽 아미타불 위의 닫집이 칠보궁, 오른쪽 약사여래불 위 닫집이 만월궁이다. 중층의 목조건물 형대로 조성된 닫집은 층별로 처마 아래에 한

대구 동화사 대웅전 닫집.

층마다 열 개 정도의 공포가 첩첩이 짜여 있다. 전실 한 칸, 중
실 세 칸, 후실 다섯 칸 구조인데, 그 겹처마들이 만들어 내는
곡선미가 아름답다. 처마 귀퉁이 위에는 화염보주火炎寶珠*가 장
식돼 있다.

　닫집 안 오색구름 사이로 용이 머리를 내밀었고, 아래로 뻗
은 헛기둥 끝에는 다양한 형태의 연꽃이 조각돼 있다. 닫집 천

---

*　불길 모양의 장식물.

영천 은해사 극락보전 닫집(위)과 은해사 백흥암 극락전 닫집(아래).

완주 화암사 극락전 닫집.

장에는 용의 몸체와 학, 영지 등을 그려 넣었다. 용은 칠보궁과 만월궁에는 한 마리씩만 있지만, 적멸궁에는 아홉 마리의 용 조각이 있다. 그리고 적멸궁 닫집 앞에 세 마리의 극락조가, 만월궁 앞에는 한 마리의 극락조가 날고 있다. 쌍계사 주지 종봉 스님은 극락조가 더 많이 있었을 것이나 세월이 흐르면서 없어진 것 같다고 설명했다.

1605년에 건립된 국보 제316호인 완주 화암사 극락전 닫집도 유명하다. 작은 삼존불 위에 지지주형으로 된 단층 아자형

닫집이다. 매우 화려하고 다양한 조각물이 역동적으로 표현돼 있다. 황룡 한 마리가 위력적인 기세로 꿈틀거리며, 헛기둥에 피어난 열 송이 연꽃과 오색구름 등이 주위를 수놓고 있다. 그리고 비천상 한 쌍이 황룡 좌우에서 춤을 춘다.

법당 장엄의 극치를 보여 주는 닫집은 불교 가치관이 담겨 있지만, 우리 전통의 건축미와 미의식이 어느 곳보다 잘 녹아 있는 문화재라고 할 수 있다. 그런데도 별 주목을 받지 못하는 것 같다. 프랑스 고딕 양식의 대표작으로 꼽히는 파리의 노트르담 대성당이 2019년 4월 16일 화재로 대부분 불타 버렸다. 대참사의 현장을 지켜본 프랑스인은 물론 지구촌 곳곳의 많은 사람이 큰 충격 속에 가슴 아파했으며, 참사 후 세계적 기업 등이 내놓겠다고 한 복구 성금이 1조 원을 넘어섰다. 재산이나 권력을 이처럼 아름다운 것을 만들어 내고 복원하는 일에 쓰는 것은 참으로 가치 있는 일일 것이다.

아름답고 멋진 닫집을 가진 사찰 법당도 노트르담 대성당과 같은 인류 문화재에 해당한다. 아름다운 구조물들을 어두컴컴한 법당 안에 둘 것이 아니라 대표적인 닫집들을 따로 복제해 한곳에 모은 닫집 박물관을 만들어 모든 사람이 편하게 관람할 수 있도록 하면 어떨까. 그곳에 이 시대의 창의적인 닫집을 만들어 추가해도 좋을 것이다.

안으로 들어가 돌아보다

수미산을 담은 수미단

산사 법당에 들어가면 불상이 먼저 눈에 들어오는데, 그 불상이 놓인 좌대가 있다. 좌대는 보통 나무나 돌 등으로 만들고, 그 위에 불상을 봉안하고 있다. 그 좌대를 수미단須彌壇이라 한다. 불교적 세계관을 나타내는 상상의 산인 수미산을 형상화한 단이어서 수미단이다.

수미단은 보통 사각인 장방형이지만, 육각이나 팔각도 있다. 육각은 보살의 수행을 뜻하는 육바라밀을 의미하고, 팔각은 수행자들이 실천해야 하는 팔정도를 상징한다. 수미단은 통상 상단과 중단, 하단으로 구분된다.

수미단은 수미산의 초월적이고 환상적인 세계, 부처의 위신력에 의해 나타나는 상서로운 현상, 당시 사람들의 꿈 등이 묘사되어 있는 곳이다. 여기에는 부처에 대한 환희심과 외경심이 다양한 형태의 문양 속에 담겨 있다.

대표적 수미단으로 영천 은해사 백흥암 극락전, 양산 통도사 대웅전, 강화 전등사 대웅전, 동래 범어사 대웅전, 김천 직지사 대웅전, 밀양 표충사 대광전 등의 수미단이 꼽힌다. 이런 수미단의 조각은 당대 최고의 불교 조각을 보여 준다.

백흥암
극락전 수미단　　　은해사 백흥암의 극락전 수미단은 조선 후기에 만들어진 것으로, 현존하는 수미단 중에서 문양의 다양성과 조형미, 조각 기법 등 여러 방면에서 가장 뛰어난 작품으로 평가받고 있다. 불단 가장 아래 받침 부분에는 귀면과 용을 조각하였고, 맨 위에는 안상眼象을 조각하였다. 구성은 받침과 몸체, 덮개 세 부분이다. 높이는 1.25m, 너비는 4.13m.

받침과 덮개 사이의 몸체는 3단으로 구획되어 있다. 전면은 15개면, 양 측면은 각 6개면씩, 모두 27개의 면으로 짜여 있다. 면마다 화려한 색채와 다채로운 형상의 동물과 식물 문양이 가득 차 있다. 일반적인 불단 장식과 달리 금니를 함께 사용하고 있다.

조각은 얇은 판자에 문양을 투각하면서 가장자리를 둥글게 처리해 부조 효과를 내었다. 완성된 투각판 뒤에 적황색을 칠한

영천 은해사 부속 암자인 백흥암의 극락전 수미단.
우리나라의 대표적 수미단으로 꼽힌다.

얇은 판자를 덧대었다. 색채는 기본적으로 적색, 황색, 녹색, 흑색, 백색을 사용하고 있다. 용과 학 등의 동물은 특별히 금니를 칠했다.

　서쪽 측면에는 연꽃 봉오리를 손에 든 가릉빈가, 여의주를 든 거북, 네발 달린 물고기, 게, 사람 얼굴에 네발 달린 물고기, 인두귀갑人頭龜甲에 새의 발이 달린 동물, 달리는 기린, 물고기, 자라 등이 조각돼 있다. 동쪽 측면에는 물고기, 여의주를 들고 있는 반인반어半人半魚 형상의 동물, 백호白虎 형상의 동물, 인두

백흥암 극락전 수미단의 서쪽 측면에 새겨진 문양들.

어신人頭魚身 형상의 동물, 기러기 형상의 새 등이 있다.

정면에는 흰 코끼리, 봉황, 연잎 줄기를 잡고 있는 동자, 황룡, 개구리, 여의주, 말 형상의 동물, 모란꽃, 용 발가락에 물고기 꼬리 형상, 공작, 국화, 두 마리 사자, 모란, 봉황, 연꽃, 사슴뿔의 익마翼馬, 다양한 식물 문양 등이 펼쳐져 있다.

이처럼 수미단에는 신비롭고 기괴한 동물들이 많이 등장하고 있다. 극락전은 아미타여래를 모신 전각이고, 아미타여래는 서방 극락정토의 주재자이다. 불자들에게 서방 극락정토는 영

안으로 들어가 돌아보다

원한 안락을 누릴 수 있는 아름답고 신비로운 세계로 인식된다.

극락국토에는 밤과 낮 여섯 번 만다라화 꽃비가 내리고, 하늘
에서는 백천 가지 음악 소리가 끊이지 않고, 땅에는 온갖 새
들이 노닐고 있다. 흰 고니와 공작과 앵무, 사리조舍利鳥, 공명
조, 가릉빈가 같은 새들이 밤낮으로 여섯때에 걸쳐 아름답고
온화한 소리를 낸다. 이 새들은 모두 아미타여래께서 법음을
널리 펴기 위해 화현化現한 것이다.

극락정토의 정경을 설명한《불설아미타경佛說阿彌陀經》의 내
용이다. 여기에 나오는 가릉빈가를 백흥암 수미단에서 볼 수 있
다. 하반신은 새, 상반신은 사람, 등에는 새 날개를 단 모습으로
표현되어 있다.

경산 환성사

대웅보전 수미단　　　수미단 문양 중에는 경북 경산시 환성
　　　　　　　　　　　사 대웅보전의 수미단처럼 민화적 정
감과 매력이 넘치는 문양도 있다. 나무로 된 수미단 전면의 12
폭, 양 측면의 8폭에 다채로운 문양이 장식되어 있다. 받침에는
용과 귀면이 조각되어 있다. 귀면은 모두 정면상이고, 용은 불
단 양쪽 끝에서 중앙을 향해 모여드는 모습이다.

경산 환성사 수미단에 새겨진 문양들. 왼쪽부터 가릉빈가, 비익조, 코끼리.

문양 내용은 코끼리, 기린, 게, 사슴, 가릉빈가, 새 등과 함께 표현한 식물 문양이 주종을 이룬다. 식물 표현이 매우 사실적이어서 모란, 국화, 인동, 연꽃, 접시꽃 등을 쉽게 구별해 낼 수 있다. 새는 한 문양 속에 한 마리만 있는 것도 있고, 한 쌍이 있는 것도 있다. 한 쌍의 경우에는 수놈이 암놈 등에 올라탄 것도 있다.

새 중에는 비익조도 있다. 비익조는 암컷과 수컷의 눈과 날개가 하나씩이어서 짝을 짓지 아니하면 날지 못한다는 상상의 새다. 부부 사이의 아름다운 사랑을 의미한다. 그리움, 애틋함, 우정을 상징하기도 한다.

꽃과 새를 주제로 한 화조 문양은 역사가 매우 길다. 화조 문양은 자연계의 조화를 특별한 애정과 관심으로 보았던 동양인의 자연관에 바탕을 두고 있다.

환성사 수미단에서 특히 주목되는 것은 동쪽 측면의 수면조신상獸面鳥身像과 서쪽 측면의 인물상과 나찰상이다. 동쪽의 것은

안으로 들어가 돌아보다

새 몸에 짐승의 얼굴, 귀갑龜甲을 갖춘 괴이한 형상인데, 상서로운 기운이 뻗치는 여의주가 담긴 그릇을 머리에 이고 서 있다.

서쪽의 사람 닮은 형상은 서기瑞氣로 충만한 오색 구슬이 가득 담긴 그릇을 머리에 이고 서 있다. 그리고 서쪽 측면 구석 자리에는 쪼그리고 앉아 네모난 물건을 두 손으로 받쳐 든 붉은 몸의 난쟁이가 있다. 이것은 나찰로 알려진 인물상이다. 푸른 눈과 붉은 머리털을 가진 것이 특징인 나찰은 사람을 잡아먹거나 지옥의 죄인을 못살게 군다고 하는 고대 인도의 신이다. 후에 불교에 귀의하여 불전과 부처님을 수호하는 신이 되었다.

유쾌한 사자가 사는 곳

산사에 가면 다양한 동물들을 만날 수 있다. 용, 봉황, 사자, 코끼리, 원숭이, 물고기, 게, 토끼, 거북 등을 사찰 건물과 석탑, 석등, 계단과 축대, 벽화 등에서 볼 수 있다. 이들 중에서 가장 흔하게 볼 수 있는 동물이 용과 사자이다. 사자는 특히 석탑, 석등, 불상대좌佛像臺座, 대웅전 앞, 기단석 등에서 많이 볼 수 있다. 문수보살이 타고 있는 동물도 사자이다.

사자는 불교에서 석가모니 부처의 상징으로도 활용된다. 부처가 앉는 자리나 경전을 법문하는 자리를 사자좌獅子座라 한다. 사자후獅子吼라는 말은 사자가 내는 소리가 모든 동물의 소리를 잠재우듯이, 다른 모든 삿된 잡설들을 깨뜨리는 부처의 설법을 상징한다. 사자는 동물 중에 가장 강하기도 하지만, 또한 단체 사냥을 할 때는 매우 영리한 모습을 보여 주어 지혜를 상징하는 보살인 문수보살이 타는 동물이 되었다.

사자는 인도의 불교에 수용된 후 중국과 우리나라 불교에도 전래되었는데, 우리나라에서는 특히 사자가 용맹하기보다는 매

경주 장항리사지 불상대좌에 새겨진 사자상.
귀엽고 재미있는 모습에 보는 이를 미소 짓게 하는 대표적 사자상이다.

우 친근하고 귀여운 모습으로 많이 변용돼 나타난다.

장항리사지 불상대좌 사자상

귀엽고 재미있는, 조각 솜씨도 뛰어난 최고의 사자상은 경주 장항리사지 불상대좌에 새겨진 사자상이 아닐까 싶다.

장항리사지는 깊은 산속 계곡가에 자리하고 있다. 이곳에는 오층석탑 두 기와 법당 건물터금당지 주춧돌, 불상대좌 등이 남아 있다.

장항리사지 불상대좌 전체 모습.

이곳의 불상대좌는 아래와 위가 분리되어 있고, 팔각형이다. 아래쪽은 8면에 안상眼象을 새긴 뒤, 그 안에 신수神獸와 신장神將을 새겼다. 위에 있는 원형 돌에는 아래위로 맞붙은 연꽃이 16송이씩 조각되어 있다. 대좌는 전체적으로 심하게 훼손되었지만, 섬세하고 아름다운 조각 솜씨는 탄성을 자아낸다.

이 대좌에서 가장 눈길을 끄는 것은 웃음을 자아내는 귀여운 자세를 취한 사자상이다. 살아서 튀어나올 듯한, 생동감이 넘치는 귀여운 사자 한 마리. 새끼 사자가 먹을 것을 형한테 빼앗기자 분통을 터뜨리며 고함치는 모습을 떠올리게 한다. 입을

　　　　안으로 들어가 돌아보다

벌리고 혀를 드러낸 채, 주먹을 쥔 두 앞발은 앞을 향해 내지르고 있다. 하나는 쫙 뻗고 하나는 약간 굽은 상태이다. 뒤쪽 왼발은 발가락으로 딛고 있고, 오른발은 살짝 들어 발가락을 움켜쥐고 있다. 엉덩이는 땅에 닿아 있다. 움켜쥔 한 다리로는 배를 차며 앙탈을 부리고 있는 듯하다. 한쪽으로 드러난 꼬리도 위로 치켜든 채 화가 잔뜩 났음을 말해 주고 있다.

볼수록 재미있고 귀엽다. 집으로 데려가 키우고 싶은 마음이 절로 든다. 신성한 불단을 지키는 사자상인데도 이처럼 재미있게 표현하는 우리나라 석공과 스님들의 여유와 해학이 정겹게 다가온다.

이 절터가 세상에 알려진 것은 1920년대이다. 이곳에서 동쪽으로 약 1km 지점에 금광이 생겨난 후였다. 그런데 1923년 4월 28일 사리 장치를 탈취할 목적으로, 광산에 쓰이던 폭약으로 오층석탑과 불상을 폭파하는 사건이 일어났다. 그 후 1932년 석탑은 현재의 모습으로 복원되었다. 불상은 총독부박물관 경주분관으로 옮겼다가 몇 번의 복원 수리를 거쳐 현재 국립경주박물관 야외 전시장에 자리하고 있다.

당시 사자 부분이 파괴되지 않은 것이 천만다행이라는 생각이 든다. 이 귀여운 사자는 가장 온전하게 남아 있다.

영암사지 금당 기단 사자상

합천 황매산 영암사지에는 흥미롭고 소중한 석조 문화재들이 많이 남아 있다. 그중에서도 사자상 조각이 단연 눈길을 끈다. 보물로 지정된 쌍사자석탑의 사자 두 마리가 먼저 시선을 붙잡는다. 세월이 많이 흘러 적지 않게 마모된 느낌이지만, 허리를 곧추세우고 화사석을 받치고 있는 사자 모습은 최고로 꼽을 만하다.

맛이 다르지만, 이에 못지않게 멋진 사자 조각들이 있다. 하나둘이 아니다. 각기 다른 모습의 사자상이 여덟 군데나 있다. 쌍사자석탑 뒤의 금당터 기단석 사방에 새겨져 있다. 흥미로운 사자들이다.

금당터에는 사방에 쌓은 기단과 각 면의 중앙에 놓은 네 개의 계단이 남아 있다. 계단의 소맷돌은 한 군데는 소실되고 세 군데만 남아 있는데, 모두 불경 속 사람의 머리를 한 상상의 새인 가릉빈가를 조각해 놓았다. 전문가가 아니면 잘 분간하기도 어렵긴 하다. 계단에 가릉빈가로 소맷돌을 장식한 것은 드문 일이다.

사자상은 이 금당터 기단의 면석에 조각해 놓았다. 따뜻한 햇살 아래 졸고 있는 삽살개마냥 순한 표정을 짓고 있는 사자가 있고, 뒤로 머리를 돌려 으르렁거리며 경계의 눈길을 보내고 있는 사자도 있다. 졸고 있는 듯한 모습도 있고, 웃고 있는 듯한 모습도 있다. 얼굴 부분을 강조해 돋을새김한 사자상도 있다. 이

합천 황매산 영암사지 금당터 기단석에 새겨진 사자상.

사자상의 조각 솜씨가 특히 돋보인다.

모두 사자를 표현한 것이라고 하는데, 얼굴이나 꼬리 등이 개 모습에 더 가까운 사자상도 있다. 그래서 더 친근하게 느껴지고, 흥미롭다. 많이 마모되어 잘 분간이 되지 않는 경우도 있지만, 하나같이 생동감 있는 조각 솜씨를 보여 주고 있다.

사자는 '백수百獸의 왕'으로 불리는 맹수로 불교에 다양하게 수용되어 왔지만 우리나라에는 살지 않아 동물원이 없던 옛날에는 그 실물을 볼 수가 없었다. 그래서 상상이 가미되기도 해서 사자 같지 않은 사자상도 나타났을 것이다.

중국이나 일본 사찰의 사자상들은 무섭거나 근엄한데 비해, 우리나라 사찰에는 이처럼 친근하고 재미있는 사자상들이 많다. 우리나라 승려나 석공들의 해학성과 창의성을 잘 보여 주는 사례라 할 수 있을 것이다.

안으로 들어가 돌아보다

제5장

몸과 마음이 감동받다

멋진 경치가 있는 누각

강진 백련사는 바닷가에 있는 만덕산 자락에 자리하고 있다. 그래서 백련사에서 보는 강진만 풍광이 각별하다. 백련사 만경루에 오르면 이런 풍광을 제대로 누릴 수 있다.

2019년 초여름에 백련사를 찾았다. 더운 날씨였다. 한참 걸어 만경루 앞마당에 올랐다. 누각 밑을 지나자 대웅보전이 바로 코앞에 나타났다. 명필 이광사가 자신만의 독특한 서체로 쓴 '대웅보전大雄寶殿' 편액을 감상한 뒤, 바로 뒤돌아 만경루 안으로 들어갔다. '만경루萬景樓' 편액도 이광사 글씨다.

멋지고 다양한 경치를 누릴 수 있는 누각이라 '만경'이라는 이름도 잘 어울린다는 생각이 들었다.

백련사 만경루,
백흥암 보화루

누각 안으로 들어서자 서늘한 기운이 더위를 가시게 했다. 깨끗하고 넓은 마루에 올라 밖을 내다보았다. 멀리 강진만이 눈에 들어와 가슴을 시원하게 했다. 오른쪽으로는 동백 숲이 눈길을 끌었다. 그리고 누각 앞마당에 큰 배롱나무 한 그루가 한창 꽃봉오리를 맺고 있었다. 며칠만 지나면 붉은 꽃을 가득 피운 배롱나무가 선사할 풍광이 그려졌다. 다시 와 보고 싶다는 생각이 들었다. 이 배롱나무는 보기 드물게 수형이 멋진 데다 크기도 크고 생육도 왕성한 상태였다. 수령이 200년 이상 된 것으로 알려져 있다.

만경루는 백련사의 전각들 중에서 가장 큰 건물이다. 전면 다섯 칸, 측면 세 칸의 규모로, 전면 세 칸 규모의 대웅전보다 훨씬 크다. 측면은 벽체로 되어 있고, 바다 쪽은 모두 문으로 되어 있다. 나무판으로 된 문이어서 닫으면 바깥 풍경이 차단된다. 대웅보전 쪽도 문으로 되어 있다.

영천 은해사 백흥암 누각인 보화루에는 가을에 올라가 보았다. 맑은 가을 햇살이 누각 바닥을 비추는 것만 봐도 심신이 마룻바닥처럼 깨끗해지며 기분이 좋아졌다. 스님과 차 한 잔을 나누며 누각 앞에 펼쳐진 만산홍엽의 만추 풍경을 보니 만발한 봄꽃 풍경을 보는 것처럼 마음이 설레기도 했다.

이 보화루 맞은편은 백흥암의 법당인 극락전이다. 보물로 지정된 멋진 건물이다. 극락전 앞마당과 누각의 마루는 같은 높이로 되어 있다. 마당 좌우에는 진영각과 심검당이 있다.

누각은 극락전 쪽은 트여 있고, 반대쪽은 여닫는 문으로 되어 있다. 바깥 처마에는 '보화루寶華樓' 편액, 누각 안에는 '산해숭심山海崇深' 편액과 '백흥대난야百興大蘭若' 편액이 걸려 있다. 산해숭심은 추사 김정희의 글씨인데, 원본은 은해사 성보박물관에 보관돼 있고, 여기에는 복제품이 걸려 있다. '백흥대난야'는 연암 박지원의 손자이기도 한 박규수1807~1877의 글씨라고 한다. 이 보화루5칸도 극락전3칸보다 규모가 더 크다.

차와 다구를 준비해 둔
운부암 보화루

은해사 부속 암자인 운부암의 누각도 멋지다. 운부암 보화루에는 2009년 초겨울에 들렀다. 은해사에서 운부암까지는 3.5km 정도. 며칠 전 내린 비로 산천은 촉촉하고 하늘과 공기는 더없이 맑은 날이었다. 쌀쌀한 기온에다 바람도 약간 불었지만, 친구들과 낙엽들이 바닥을 포근히 덮고 있는 산자락 길을 걸었다. 주위의 나목들 풍경이 선사하는 정취가 각별했고, 길옆 계곡에 흐르는 물소리는 음악처럼 들렸다. 계곡이 끝나는 곳에 자리 잡은 운부암 자리는 '천하명당'으로 불리기도 했던 모양이다. 운부암 마당에서 잠시 숨을 고르고 보화루에 올랐다.

보화루에 올라서 바라보니 주변 풍광이 제대로 눈에 들어

팔공산 운부암의 누각인 보화루.
전면 5칸 건물로 3칸 법당인 원통전보다 규모가 크다.

왔다. 누각 한 귀퉁이에 차를 우려먹을 수 있도록 차와 차 도구
를 갖춰 놓은 것이 보였다. 법당인 원통전 앞에서 받아 온 물을
끓인 뒤 녹차를 우렸다. 운치를 더해 주는 맷돌 찻상에 일행 네
명이 둘러앉아 따뜻한 녹차를 마시니 기분은 더없이 좋았다. 그
리고 열어 놓은 문 앞에는 의자가 두 개씩 놓여 있었는데, 누구
든지 앉아서 풍경을 즐기도록 한 배려였다. 암자를 찾는 이들을
생각하는 마음이 참으로 고마웠다.

보화루 차 한 잔은 그날 산행의 백미였다. 스님의 배려 덕분

　　　　　　　　　　몸과 마음이 감동받다

에 멋진 누각에서 차를 마시며 만추의 정취를 만끽하는 행복한 시간을 가질 수 있었다. 잘생긴 소나무들과 아름다운 작은 연못들, 노란 단풍잎이 약간 남은 은행나무 고목 등이 더욱 멋지게 다가왔다. 운부암 스님의 마음 씀씀이는 어느 고승의 고준한 법문보다 더 깊은 울림을 주는 법문이었다. 암자를 떠나올 때까지 스님은 보이지 않아, 우리를 쳐다보던 늙은 누렁이에게 고마움을 전하고 돌아왔다.

중국 항주 자사로 있던 백거이772~846가 조과 도림선사를 찾아가 불법을 물었다.

"어떤 것이 불법의 근본입니까."

"어떠한 악도 짓지 말고 온갖 선을 받들어 행하는 것이오."

"그런 것은 세 살짜리 아이도 다 아는 얘기가 아닙니까."

"세 살 먹은 아이도 말할 수 있으나 여든 노인도 행하기는 어렵소."

이 이야기는 많이 아는 것이 중요한 것이 아니라 평범한 가르침 하나라도 실천하며 사람들에게 울림을 주는 것이 중요함을 일깨우고 있다.

최근 들어 이런 멋진 누각들을 개방해 산사를 찾는 이들이 언제든지 올라 휴식을 취하며 풍광을 누릴 수 있도록 하는 사찰들이 늘어나고 있는 것 같다. 참으로 바람직하다.

산사 누각의
기능

산사의 누각은 전각 중 가장 크고 잘 지은 건물인 데다 주변의 자연 풍경을 가장 잘 누릴 수 있는 공간인 경우가 대부분이다. 이런 산사 누각이 운부암 보화루처럼 차를 우려먹을 수 있도록 갖춰 놓고 개방하는 곳이 많아지고 있다.

산사의 누각은 건물 자체도 멋지다. 전통 한옥 미학의 핵심인 자연미가 가장 잘 드러나는 건물이다. 자연석을 그대로 주춧돌로 사용한 덤벙주초와 다듬지 않은 기둥 등의 특징이 잘 드러나고 있다.

사찰의 누각은 통일신라 이후 선종이 도입된 후 사찰이 도시의 평지에서 벗어나 산속으로 옮겨지면서 시작된 것으로 보고 있다. 고려 시대에 누문樓門 형식으로 누각이 세워지기 시작했다. 조선 시대에 들어와서는 억불정책에다 임진왜란, 병자호란 등으로 산사는 중심 전각이 주 법당과 누각, 좌우 요사채로 구성되는 ㅁ자 형태의 전형적인 틀이 정착되었다.

해당 유형으로 건립된 산사 누각은 통상 누각의 마루가 법당 앞마당과 같은 높이로 맞추어지고, 누각 아래가 법당으로 가는 통로가 된다. 그리고 누각이 예불의 공간을 겸하기 때문에 법당 쪽은 트여 있고, 반대쪽은 문을 다는 구조다. 물론 선암사 강선루, 고운사 가운루 등 다른 성격의 누각도 있기는 하다.

이런 누각은 출입구 기능과 함께 강당, 예불, 법회, 전망, 사

안동 봉정사 만세루. 이 누각에는 법고와 운판, 목어가 있어 법고루를 겸하고 있다.

찰 사무, 좌선 등의 공간으로 쓰였으며 범종이나 법고 등을 설
치하는 종루, 고루 등으로도 활용되기도 했다.

    누각은 사면이 벽이나 창호로 폐쇄된 경우해인사 구광루, 화엄사
보제루, 천은사 보제루 등, 법당 방향만 벽이 없는 경우선운사 만세루, 화암사
우화루, 내소사 봉래루 등, 사방이 트인 경우봉정사 덕휘루, 표충사 우화루, 부석사
안양루 등 등이 있다.

자연 친화적 가치관이 담긴 곳, 해우소

인류의 물질문명은 너무 인간의 편리와 효율 중심으로 흘러왔다. 그런 물결에 떠밀려 전래의 소박하고 자연 친화적인 삶의 유산들이 적지 않게 없어져 버렸거나 사라지고 있다. 그런 유산 중의 하나가 전통 뒷간화장실이다. 그중에서도 그나마 명맥을 유지하고 있는 산사의 전통 뒷간은 인간과 자연이 조화롭게 어우러지는 자연 친화적 가치관과 미학이 녹아 있는 문화유산이다.

현대문명이 배출해 내는 온갖 문명의 배설물들이 지구촌의 건강을 해치고 인간 정신도 황폐하게 하고 있는 상황을 우리들은 수시로 접하고 있으면서도 그 심각성을 절감하지 못하고 눈길을 돌려 버리거나 눈을 감아 버리고 있다.

이런 현실 속에서도 산사가 전통 뒷간 문화를 지켜 가고 있

몸과 마음이 감동받다

는 것은 참으로 다행한 일이나, 현대문명의 거센 물결에 떠밀려 그마저 점점 사라지고 있어 아쉬움도 크다.

자연 친화적
전통 해우소

비우고 또 비우니 큰 기쁨일세.
탐진치貪瞋癡 어두운 마음도 이같이 버려
한 조각 허물마저 없어졌을 때
서쪽의 둥근 달빛 미소 지으리.
옴 하로다야 사바하

사찰 뒷간에 가면 간혹 볼 수 있는 입측진언入厠眞言이다. 뒷간에 들어가서 외우는 진언으로, 뒷간에서 볼일을 볼 때 순차적으로 외우는 다섯 가지 진언인 입측오주入厠五呪 중 첫 번째이다.

뒷간은 측간厠間, 변소 등 다양하게 불려 왔다. 사찰에서는 동사東司, 해우소解憂所라는 이름으로도 불려 왔다. 요즘은 '근심을 해결하는 곳'이라는 의미의 '해우소'라는 이름을 많이 사용하고 있다. 해우소라는 이름은 역사가 그리 오래되지 않은 것 같다. 처음으로 '해우소'라고 명명한 주인공은 양산 통도사 극락암에 오래 주석했던 선승인 경봉 스님1892~1982이라고 한다.

잘 비우고 버리는 일은 건강한 삶을 위해 아주 중요한 부분이다. 하지만 실천하기가 쉽지 않은 일이다. 어리석은 욕심이나 생각 등을 제대로 버릴 줄 아는 사람이라면, 그는 자유인이라 할 수 있을 것이다. 인간의 육체 또한 마찬가지다. 비울 것을 잘 비울 수 있어야 건강을 유지할 수 있다. 이 비우는 일을 매일 실천하는 곳이 뒷간이다. 대소변을 비우는 것 못지않게 중요한 일은 이를 처리하는 일이다.

우리는 더럽고 냄새나는 것의 대명사인 대소변을 매일 비우러 가야 하는 곳의 이름을 뒷간이나 측간에서 변소, 화장실로 듣기 좋게 바꿔 왔다. 그러나 그 처리 방식은 오히려 뒷걸음질 치고 있다. 산사의 전통 해우소가 지닌 미학을 다시 생각하지 않을 수 없다.

산사의 전통 해우소는 더없이 이상적인 대소변 처리 시설이다. 전통적인 해우소는 자연으로부터 나온 음식물을 먹고 배설한 배설물을 다시 자연으로 되돌리는 순환의 연결 고리를 철저히 고려해 만들어졌다. 흙바닥에 떨어진 배설물은 그 자리에서 왕겨나 재, 낙엽 등과 함께 섞여 양질의 유기질 비료로 변한다. 이것은 다시 땅에 뿌려져 곡식과 채소를 키우는 소중한 거름이 된다. 환경오염과는 거리가 먼, 아주 자연 친화적인 처리 방식이다.

사찰의 발우 공양이 음식쓰레기를 남기지 않는 이상적인 식문화라면, 전통 해우소는 이처럼 인간의 배설물을 다시 자연으

몸과 마음이 감동받다

로 환원시키는 가장 이상적인 배설물 처리 시설인 것이다. 인간과 자연은 하나라는 불이不二 사상, 모든 것은 변하고 순환하며 서로 연관돼 있다는 상의상관相依相關의 진리를 해우소만큼 잘 보여 주는 곳도 없을 것이다.

어느 산사에 가나 볼 수 있었던 이러한 전통 해우소가 이제는 흔하지 않은 존재가 되어 가고 있다. 요즘은 산속 사찰이라도 대부분 수세식 화장실을 갖추고, 많은 사찰이 중창불사를 하면서 재래식 해우소를 아예 없애 버려 전통 해우소를 찾아보기가 더욱 힘들게 되었다.

전통적인 해우소를 보존하거나 그 방식을 유지하는 대표적 사찰로는 승주 선암사, 순천 송광사, 문경 김용사와 대승사, 서산 개심사, 부안 내소사, 홍천 수타사, 삼척 영은사, 영월 보덕사 등이다.

300년이 넘은
김용사 해우소

지은 지 300년이 넘었다는 김용사 해우소는 전통 해우소의 모습을 그대로 간직하고 있는 대표적 해우소라 할 만하다. 최근에 가 봤을 때도 20여 년 전 모습 그대로였다.

개울가 길옆에 서 있는 해우소로 들어가면, 눈높이에 설치된 문창살과 곳곳의 구멍 사이로 빛이 들어온다. 밝고 아늑한

산사의 전통 해우소는 소중한 가치관과 미학이 담겨 있다.
대표적인 산사 전통 해우소인 문경 김용사 해우소

분위기다. 입측오주가 걸려 있고 측간 신의 이름을 써 놓은 위
패도 걸려 있다. 문창살에 걸려 있는 바구니에는 휴지가 있다.
앉아 있으면 개울 물소리와 새소리, 바람 소리가 들려온다. 해
우소라는 이름에 걸맞게 심신의 걱정거리가 다 없어지는 듯하
다.

　이 해우소는 나무 기둥이 놓인 주춧돌 높이가 인분이 쌓이
는 높이보다 약간 높아 부식을 방지할 수 있도록 했고, 하단부

몸과 마음이 감동받다

의 기둥들은 껍질만 벗긴 원목을 그대로 사용해 소박미를 더해 준다.

근처에 있는 부속 암자인 대성암의 해우소도 전통 해우소 그대로다. 암자 마당 아래에 있는 밭가에 세워져 있다.

부근의 대승사 해우소 역시 김용사 해우소와 함께 전통 해 우소의 구조를 그대로 유지하고 있었는데, 최근 사찰 건물이 추 가로 많이 건립되면서 사라져 버렸다. 그나마 다른 장소에 전통 방식의 해우소를 새로 지어 놓아 다행이었다.

백 년이 넘은 선암사 해우소는 그 모양새가 매우 아름다운

승주 선암사 해우소 입구 쪽(위)과 반대편(아래) 모습.

데다 전면 다섯 칸의 큰 규모와 구조 등의 면에서 전국 최고의 해우소로 꼽힌다. 근래 보수를 하면서, 공기가 통하도록 나무판 자로 만들어 놓은 하단부를 뜯어내고 철옹성 같은 벽으로 바꾸 어 원형을 잃어버린 것은 아쉬운 점이다.

영월 보덕사 해우소도 전면 세 칸, 측면 한 칸인 맞배지붕의 해우소인데, 건물의 상량문을 통해 1882년에 지어졌음을 알 수 있다.

인간의 배설물을 자연스럽고 완결된 형태로 다시 대자연으로 되돌리는 전통 해우소. 여러 가지 현실적인 사정이 있겠지만, 편리 추구와 무관심 속에 이런 전통 해우소가 사라지는 현실은 바람직한 일이 아닐 것이다. 현대인의 생활 감각에 맞춰 보수하거나 새로 마련하더라도 전통 해우소의 근본 원리와 정신은 변하지 않아야 하지 않을까 싶다.

삶의 방식은 수행에도 영향을 미칠 수밖에 없다. 편리만 추구하다 수행자들이 마음의 소박함까지 점점 잃어버리는 일은 없어야 할 것이다.

몸과 마음이 감동받다

감동을 주는 요사채의 모과나무 기둥

옛 건물들을 살펴보면 우리 민족의 자연 친화적 정서와 미적 감각을 확인할 수 있는 부분들이 적지 않다. 자연석을 그대로 주춧돌로 삼은 덤벙주초, 나무 원목을 반듯하게 다듬지 않고 생긴 대로 활용한 기둥 등이 대표적이다. 특히 옛 산사 건물에 이런 특징이 다양하게 잘 드러나 있다. 건물 중에서도 누각이나 종각 등에 굽은 원목 기둥을 그대로 사용한 경우가 많다. 문경 김용사의 가장 오래된 건물인 곡루의 1층 기둥, 김용사 부속 암자인 대성암의 침계루 1층 기둥, 서산 개심사의 범종각 기둥 등이 대표적이다.

이런 사례들을 초월하는, 차원이 다른 산사 건물의 기둥이

있다. 구례 화엄사 부속 암자인 구층암의 요사寮舍*의 기둥은 보
는 순간 놀라움과 큰 감동이 몰려왔다는 사람들이 적지 않은 모
과나무 원목이다.

파격적 미학을 보여 주는
모과나무 기둥
지리산의 대표적 사찰인 화
엄사는 역사가 오래되고 큰
사찰이어서 귀중한 문화재도 많고 볼거리도 많다. 사역 전체가
사적 제505호로 지정된 이곳은 국보가 세 점각황전, 각황전 앞 석등, 사
사자 삼층석탑, 보물이 네 점대웅전, 동오층석탑, 서오층석탑, 원통전 앞 사자탑이
나 된다. 초봄이 되면 매혹적인 꽃을 피우는, 수령 300년이 넘
은 각황전 옆 홍매화가 전국의 탐매가와 사진가들의 가슴을 설
레게 한다. 각황전과 만월당 뒤편에 늘어선 동백들이 피우는 붉
은 꽃들도 마찬가지다.

그래서 언제나 사람들의 발길이 끊이지 않는데, 대부분의
사람은 화엄사 경내만 둘러보고 떠난다. 바로 근처에 별세계가
있는데도. 대웅전 뒤쪽으로 화엄사 경내를 조금만 벗어나면 번
잡하지 않아 고요한 분위기를 누릴 수 있는 별천지가 펼쳐진다.
구층암과 그 옆에 숨어 있는 길상암이다.

---

* 학교나 공공 단체의 기숙사. 여기서는 절의 스님들이 숙식하는 곳.

몸과 마음이 감동받다

구례 화엄사 부속 암자인 구층암 남쪽 요사의 북쪽 면과 천불보전. 왼쪽의 요사 툇마루에
있는 두 개의 기둥이 모과나무 기둥이다. 천불보전 앞에 자라는 두 그루의 모과나무는
요사에 사용된 모과나무의 밑둥치에서 다시 자라난 것이다.

화엄사에서 500m 정도 떨어져 있는 구층암은 대웅전 뒤로
올라가면 나타나는 대나무 숲길이 이끄는 곳에 있다. 개울을 건
너 암자 마당에 들어서면 승려들의 거처인 요사 앞의 삼층석탑
이 방문객을 먼저 맞이한다. 온전하지 못한 데다 오래된 맛이
나는 이 탑은 비뚤한 방향으로 놓여 있는데, 그래서 오히려 더
편안하게 다가온다.

탑을 지나 '구층암九層庵'이라는 편액이 걸린 요사 옆을 돌아
가면 구층암 전각 전체가 한눈에 들어온다. 천불보전을 중심으
로 앞쪽에 마당이, 천불보전 앞 좌우에는 요사가 있다. 이 요사

에 눈이 번쩍 뜨이게 하는 기둥이 있다. 가지를 제거하고 껍질만 벗긴, 거의 가공하지 않은 자연목 그대로를 살려 만든 기둥을 '도랑주' 또는 '도랑주'라고 하는데, 도랑주로 가장 대표적인 것이 바로 구층암 요사의 퇴칸退間* 기둥이다.

구층암에는 세 개의 모과나무 기둥이 있는데, 그 압권은 '구층암' 편액이 걸린 남쪽 요사의 모과나무 기둥 두 개다. 이 건물은 구조가 매우 독특하다. 전면 일곱 칸, 측면 네 칸의 일자형 건물로, 탑이 서 있는 쪽의 일곱 칸 중 가운데 다섯 칸이 툇마루로 연결되어 있다. 천불전 쪽인 반대편은 세 칸이 툇마루이고 양옆에 크기가 다른 방이 있다. 가운데 방을 두고 양쪽으로 문과 마루를 낸 특이한 건물이다.

이 요사의 천불전 쪽 툇마루에 두 개의 모과나무 기둥이 있다. 제멋대로 자란 울퉁불퉁하고 기괴한 모과나무를 윗부분을 건물 높이에 맞춰 적당히 자른 후 그대로 사용했다. 사람이 거주하는 일곱 칸 규모 건물의 중심 기둥으로는 이보다 더 파격적인 도랑주는 없을 듯하다. .

큰 가지를 잘라 낸 모양이 그대로 있고, 골이 지고 속이 파인 곳도 그대로 드러나 있다. 가지가 솟아 나왔던 흔적은 물론이고, 모과나무 특유의 나뭇결과 울퉁불퉁한 옹이 등이 바로 보인다. 자랄 때 끼어 들어간 큰 돌이 박혀 있기도 하다.

---

* 전면이나 측면이 여러 칸인 집에서 양쪽 가장자리 칸.

몸과 마음이 감동받다

요사 마루에서 본 모과나무 기둥.

두 개의 기둥 가운데 동쪽 기둥은 중간 부분에서 줄기가 나뉘어 살짝 비틀리며 솟아오른 모양인데, 둘로 갈라진 틈에 처마의 구조물을 끼워 맞추었다. 다른 하나도 비슷한데, 위쪽이 더 굵은 그 모습이 어느 각도에서 보면 등 받침을 떠받치고 있는 영암사지 쌍사자석등의 사자를 떠올리게 한다.

또 다른 모과나무 기둥 하나는 그 맞은편 요사 툇마루에 있다. 이 기둥은 남쪽 요사의 두 기둥만큼 굵지 않고 기묘하지도 않지만, 마찬가지로 최소한의 가공만을 거쳤다.

앞마당에 자란
모과나무를 사용

구층암 모과나무 도랑주는 옆의 잘 다듬은 둥근기둥들과 대비되어 더욱더 파격적인 멋을 더해 준다. 목재로는 거리가 먼 모과나무를 건물 기둥으로 활용할 생각을 했다는 것 자체가 기발하고 파격적이다. 마당의 모과나무를 처마 아래로 옮겨 놓은 것 같은 기둥 덕분에 건축과 자연의 경계가 허물어진 듯하다. 평범한 건물을 누구나 다시 돌아보게 만든 안목과 통찰이 특별한 아름다움을 선사한다.

마당의 모과나무가 요사의 기둥으로 활용된 사연은 무엇일까. 임진왜란 때 소실된 요사를 120년 전에 새로 지으면서 천불보전 앞마당에 있던 모과나무를 기둥으로 썼다고 한다. 사용된

몸과 마음이 감동받다

구층암 천불보전 처마 아래에 있는 토끼와 거북.

모과나무는 아름드리 크기로 봐서 최소한 백 년 이상 자란 나무
인 듯하다. 1936년 태풍 때 쓰러진 모과나무를 사용했다는 이야
기도 있다. 당시 태풍은 우리나라 기상관측 이래 가장 큰 피해
를 남긴 태풍으로, 1,200여 명이 사망하고 4,000여 명이 실종되
거나 다쳤다.

현재도 천불보전 앞에 두 그루의 모과나무가 자라고 있는
데, 기둥으로 사용한 나무 밑동에서 다시 자라난 것이다. 그 아
래를 파 보면 지금도 나무를 베어 낸 흔적이 남아 있다고 한다.

구층암 남쪽 요사에는 광무 원년1897과 3년1899의 중건기가 걸려 있다. 지금은 '구층암'이란 편액이 있지만, 광무 원년의 현판에는 '구층연사九層蓮社'라고 적고 있고, 1899년의《중수구층암기重修九層庵記》에는 '구층난야九層蘭若'라고 적고 있다. 1937년에 작성된 상량문에는 '구층대九層臺'로 기록하고 있다.

한편 모과는 성인을 보호한 열매라는 의미의 '호성과護聖果'로도 불렸다. 이와 관련해 흥미로운 이야기가 전해진다.

옛날 공덕을 많이 쌓아 사람들이 성인처럼 받들어 모시던 스님이 외나무다리를 건너게 되었다. 아슬아슬한 다리를 반쯤 건넜을 때, 바로 앞에서 스님을 노려보는 커다란 구렁이가 나타났다. 난처한 지경에 빠진 스님이 어떻게 해야 할지 고민하는 순간, 갑자기 다리 옆에 자라던 모과나무에서 잘 익은 모과 열매가 툭 떨어져 구렁이의 머리를 정확히 맞혔다. 덕분에 스님은 안전하게 다리를 건널 수 있었다고 한다.

몸과 마음이 감동받다

새벽 예불의 힘을 느끼다, 합천 해인사

"한국 불교의 힘은 새벽 예불에서 나온다."

이렇게 이야기하는 스님들이 적지 않다. 부처가 되는 성불이 목적인 스님들에게 새벽 예불이 지난한 수행을 이어가도록 하는 힘을 충전시켜 주는 시간이기 때문일 것이다. 《25시》라는 소설을 쓴 루마니아의 작가 콘스탄틴 게오르규는 양산 통도사의 새벽 예불을 본 뒤 "세계를 밝힐 찬란한 빛이 한국의 사찰에서 나올 것"이라고 말한 적이 있다.

산사의 가장 고요하고 맑은 기운이 충만한 새벽에 모든 스님들이 참여해 맑고 지극한 마음을 다해 예불하는 시간. 목탁과 금고金鼓*,

---

* 　사찰에서 사용하는 북 모양의 종

사물 四物 *이 울려 퍼지고 스님들의 염불 소리가 함께 어우러지는 새벽 예불 시간은 순수한 마음, 부처의 마음이 열리는 범아일체 梵我一體 의 아름다운 순간이라고 할 수 있을 것이다. 이런 산사의 새벽 예불은 수행이 본분인 스님들에게 정진하는 힘을 충전시켜 주는 중요한 의식이지만, 의식에 담긴 의미를 떠나 그 자체만으로 비할 수 없는 장엄함과 아름다움으로 크나큰 감동을 선사한다.

새벽 4시
도량석으로 시작

전날 저녁에 합천 해인사 주지 현응 스님과 차를 마시며 새벽 예불 등에 대해 이야기를 나눴다. 11월 21일 새벽 3시 40분에 해인사 중심 법당인 대적광전 앞마당으로 갔다. 하늘은 구름 한 점 없이 맑고, 수많은 별이 보석처럼 맑고 깨끗하게 빛나고 있었다. 초승달도 함께.

자신의 발걸음 소리 말고는 아무것도 들리지 않는 고요와 어둠 속, 황금색 불빛이 한지 문을 통해 비쳐 나오는 대적광전이 각별한 아름다움을 선사하고 있었다. 58분이 되자 한 스님이 대적광전 가운데 문을 열고 도량석 道場釋** 준비를 했고, 4시가 되

---

*   법고, 범종, 목어, 운판.
**   본격적인 새벽 예불 시작 전에 도량을 청정하게 하는 의식.

해인사 대적광전에서 진행되고 있는 새벽 예불.
이산혜연선사의 발원문을 봉독하고 있는 모습이다.

자 의식이 시작됐다. 스님은 천천히 목탁을 두드리고 염불하면서 대적광전 주위를 느리게 한 바퀴 돌았다. 통상적으로 도량석은 해인사에서 하는 것과 달리 사찰 전각 곳곳을 돌면서 진행한다. 대중과 산천초목을 깨우고 잡귀를 몰아내 도량을 청정하게 하는 도량석은 약 8분 정도 소요됐다.

도량석을 할 때 치는 목탁은 일반적인 목탁보다 몇 배나 크다. 보통 도량석 목탁이 그 사찰에서 가장 큰 목탁이며, 대추나무로 만든 목탁을 최고로 친다. 소리가 좋은 데다 단단해 오래가기 때문이다.

그동안 전각들의 불이 켜지고, 스님들이 각자의 처소에서 일어나 예불에 참석할 준비를 했다. 청아하게 들리는 도량석 목탁 소리가 잦아들면서 대적광전 안의 금고가 그 소리를 받아 울리기 시작했다. 종송鐘頌이 시작된 것이다. 종송은 대적광전 안과 함께 대적광전 아래 심검당과 궁현당 마루에 있는 금고도 같이 치면서 진행됐다. 금고를 울리며 게송을 읊는 종송은 지옥에서 고통을 받고 무명에 갇힌 중생들에게 부처의 위신력과 극락세계의 장엄함을 설하여 불법에 귀의할 것을 발원함으로써 왕생극락케 하는 의식이다.

종송의 게송 중 일부다.

원컨대 이 종소리 법계에 두루 퍼져
철위산의 깊은 어둠 다 밝히고
지옥 · 아귀 · 축생의 고통 여의고 칼산 지옥도 부수어
모든 중생이 바른 깨달음 얻게 하소서.
願此鐘聲遍法界
鐵圍幽暗悉皆明
三途離苦破刀山
一切衆生成正覺

종송은 10분 정도 계속되었다.

4시 18분에 대적광전 아래 누각인 구광루九光樓 아래 마당에 있는 범종루의 법고가 울리기 시작했다. 법고는 절에서 예불

과 의식을 행할 때 치는 큰 북이다. 범종루에는 미리 네 명의 스님이 올라가 준비하고 있었다. 도량석 목탁과 종송 금고 소리가 약했던 것과는 달리, 법고 소리는 힘차게 울려 구광루를 비롯한 주변 건물에 반향 소리도 내면서 산천을 본격적으로 깨우기 시작했다. 법고 치는 시간 13분 정도. 해인사 스님들의 법고 치는 솜씨는 예전부터 최고로 알려져 있다고 한다.

　법고가 마무리되면서 큰 종인 범종 梵鐘 이 이어받은 시간은 4시 31분. 중생들을 깨우치기 위한 법음 法音 을 울리는 범종은 28번 울렸다. 불교의 삼계 三界 에 속하는 욕계·색계·무색계 28천계 天界

의 중생에게 들려주는 것이다. 10분 정도 걸렸다. 저녁 예불 때는 33번 울린다.

범종에 이어 목어木魚와 운판雲版이 울려 퍼졌다. 목어는 나무를 잉어 모양으로 만들어 속을 파낸 후 겉에 색깔을 입힌 것으로, 파낸 속을 두드려 소리를 낸다. 운판은 구름 모양으로 만든 청동青銅 판으로 되어 있다.

사물 의식은 각각 지옥 중생범종과 네발 가진 짐승법고, 물고기 등 물속 생명목어, 날짐승운판을 제도하기 위한 것이다.

장엄한
아름다움 선사

운판을 마지막으로 4시 45분에 사물 의식이 끝나고, 대적광전 예불이 시작되었다. 그동안 40명 정도의 모든 스님은 대적광전에 들어가 좌선을 하며 기다리고 있었다. 선원에서 수행하는 스님들 40여 명은 법당 예불에 참석하지 않고, 선원에서 죽비를 치고 바로 참선에 들어간다고 한다.

대적광전 예불은 오분향례, 칠정례, 이산혜연선사 발원문 봉독, 《반야심경》 독송 순으로 진행되었다.

오분향례五分香禮는 부처의 오분법신五分法身에 향을 공양하고 예를 올리는 의식이다. 오분향은 부처가 갖추고 있는 계신戒身 · 정신定身 · 혜신慧身 · 해탈신解脫身 · 해탈지견신解脫知見身의 오분

몸과 마음이 감동받다

해인사 새벽 예불 중 마지막 순서로 신중탱화를 향해 《반야심경》을 독송하고 있는 스님들.

법신五分法身에 향을 대비시켜 계향·정향·혜향·해탈향·해탈
지견향으로 바꾼 것이다.

　모두 일곱 차례 이마頂를 땅에 대고 큰절을 하는 칠정례七頂
禮는 전체 내용이 불법승佛法僧 삼보에 대한 예경과 회향으로 이
루어져 있다. 예불문 마지막 구절의 의미는 '다함없는 삼보시여,
저희 예경 받으시고 가피력을 내리시어, 법계중생 모두 함께 성
불하여지이다.'이다.

　이산혜연선사 발원문 봉독은 한 스님이 일어서서 발원문을

읽는 방식으로 진행되었다. 이산혜연선사는 당나라 말기 스님
으로, 발원문은 불퇴전의 정진으로 보살의 덕을 실천하겠다는
비장한 각오와 발원을 담고 있다. 아래는 그 일부다.

시방삼세 부처님과 팔만사천 큰 법보와 보살성문 스님네께
지성귀의 하옵나니, 자비하신 원력으로 굽어살펴 주옵소서.
저희들이 참된 성품 등지옵고 무명 속에 뛰어들어, 나고 죽는
물결 따라 빛과 소리 물이 들고 심술궂고 욕심내어 온갖 번뇌
쌓았으며, 보고 듣고 맛봄으로 한량없는 죄를 지어 잘못된 길
갈팡질팡 생사고해 헤매면서, 나와 남을 집착하고 그른 길만
찾아다녀, 여러 생에 지은 업장 크고 작은 많은 허물 삼보 앞
에 원력 빌어 일심 참회하옵나니, 바로옵건대 부처님이 이끄
시고 보살님네 살피시어 고통바다 헤어나서 열반언덕 가사
이다.

마지막으로 참석한 모든 스님이 함께 불법을 수호하는 신들
을 모신 신중단神衆壇을 향해《반야심경》을 소리 내어 읊는다. 운
율에 맞춰 읊는《반야심경》독송은 어떤 음악보다 더 장엄하고
아름답게 다가온다.
《반야심경》은 가장 널리 독송되는 경으로, 완전한 명칭은
《마하반야바라밀다심경摩訶般若波羅蜜多心經》이다.《반야심경》은 짧
은 경문이지만, 대·소승 경전의 내용을 간결하고도 풍부하게

응축하고 있는 핵심 경전이다.

산사 예불은 하루에 세 번, 새벽과 사시巳時와 저녁에 진행되는데, 특히 새벽 예불은 출가한 지 얼마 안 되는 행자들에게는 가슴 벅찬 울림과 감동을 준다고 한다.

고요한 새벽 목탁 소리, 청도 운문사

"세계를 밝힐 찬란한 빛이 한국의 사찰에서 나올 것이다."

앞서 소설《25시》의 작가 게오르규가 1974년 양산 통도사 적멸보궁에서 새벽 예불을 참관한 뒤, 법당 밖으로 나오면서 이렇게 말했다고 소개했다. 그는 너무나 깊은 감동을 받고는 이렇게 표현했던 것이다.

한국 산사의 새벽 예불, 특히 스님들이 많이 있는 큰 사찰의 새벽 예불을 지켜본 사람들은 누구나 이와 비슷한 감동을 받았을 것이다. 산사의 새벽 예불은 이처럼 한국 불교에서 각별한 힘과 의미를 지니고 있다. 청도 운문사 새벽 예불에 참석했던 한 외국인 음악가는 새벽 예불의 아름다움에 감동해 '천상의 소리'가 있는 운문사 새벽 예불은 세계문화유산으로 등재할 가치가 있다는 말도 했다고 한다.

천상의 소리가 있는
청도 운문사

2011년 10월 19일, 운문사 새벽 예불에 함께했다. 새벽 예불에 대한 무한한 찬사가 전혀 과장이 아님을 실감할 수 있었다. 자연과 인간이 만들어 내는 하모니에서 비롯된 아름다움 · 경건함 · 장엄함은 언어로 표현하기 어려울 정도였다.

3시 30분. 운문사 대웅보전 법당 밖은 맑디맑은 달빛과 별빛이 쏟아지고 벌레 소리 하나 없이 고요한 가운데, 맑은 기운만 가득했다. 그 속에 사물 소리와 목탁 소리가 잦아들었다. 법당 안에는 불빛을 받아 황금빛을 발하는 불상 아래에 똑같은 법복을 입은 비구니 스님 140여 명이 법당을 가득 메우고 앉아 몸과 마음을 가다듬고 있었다.

3시 40분에 법당 안 예불이 본격적으로 시작됐다.

"내 지금 깨끗한 감로수가 되었나니, 불佛 · 법法 · 승僧 삼보 앞에 바치나이다. 애민哀愍히 여기시어 받아 주소서. 지극한 마음으로 귀의하고 예배드립니다…."

이런 내용의 한문 예불문을 한 스님이 맑은 소리로 경건하게 독송讀誦하고, 다른 스님들이 합창 부분을 함께 따라 하면서 예불이 시작됐다. 법당 안에 절제된 리듬으로 울려 퍼지는 홀로

청도 운문사에서 새벽 예불을 올리는 비구니 스님들이 《반야심경》을 독송하고 있다.

혹은 140여 명이 함께하는 소리는 '천상의 소리'라 할 만했다.

법당에서의 예불은 여러 가지 염불문을 함께 독송하는 가운데, 합장한 채 앉거나 서고 절을 하는 자세가 반복되면서 40분 정도 진행되었다. 엎드려 독송할 때는 소리가 낮아지고, 일어서서 할 때는 소리가 커진다. 이 '예불 음악'은 막바지인 《반야심경》 독송에서 소리도 가장 커지면서 절정에 이르렀다. 이때는 모두가 특히 환희심이 나는 듯했다.

불상의 금빛이 적당한 밝기로 비추는 가운데 한옥 법당의

　　　몸과 마음이 감동받다

공간과 새벽 기운, 목탁 소리, 스님들의 맑고 순수한 음성, 경건한 마음이 어우러져 만들어 내는 환상의 작품이었다. 말 그대로 번뇌의 경계를 벗어난 적멸寂滅의 순간으로 빠져드는 듯했다.

도량석으로 시작되는
새벽 예불

새벽 예불을 제대로 보기 위해 하루 전날인 18일 오후에 운문사를 찾았다. 가을 기운이 완연한 산사의 가을날 오후는 날씨만큼이나 몸과 마음도 청량하게 만들었다.

우선 주지 일진 스님과 인사를 하고 잠시 이야기를 나눈 뒤 저녁 공양을 했다. 밥과 나물 반찬 네 가지를 한 그릇에 담아 맛있게 먹은 후 경내를 산책하다 저녁 예불에 참석했다. 범종루에서 진행되는 불전 사물 의식을 본 뒤, 6시 20분 대웅보전 법당에서 시작되는 저녁 예불에 들어갔다. 새벽 예불보다는 절차도 간단하고 참석 인원도 적었다.

대웅보전 옆에 있는 전향각의 한 방에서 잠을 자고 새벽 2시 40분쯤 일어났다. 얼마 후 목탁 소리가 작게 들려오기 시작했다. 정확히 3시에 시작된 도량석이었다.

세수도 하지 않고 바로 밖으로 나갔다. 바람 한 점 없고 벌레 소리 하나도 들리지 않는 가운데, 약하다가 강해지기를 반복하는 목탁 소리만 들려왔다. 고개를 드니 구름 한 점 없이 맑은

새벽 예불에서 108배를 올리고 있는 운문사 스님들.

하늘에는 반달과 별들이 밝게 빛나고 있었다. 대웅보전 밖 몇 군데를 밝히고 있는 전등이 없으면 더 좋겠다는 생각이 들 정도로 밝고 맑았다. 잠시 후 도량석을 하는 스님이 대웅보전 앞 만세루를 천천히 도는 모습이 눈에 들어왔다.

한 스님이 염불과 함께 목탁을 치면서 사찰 경내를 도는 도량석의 목탁은 처음에 약하게 시작해 점점 강하게 치는 것을 반복한다. 만물이 놀라지 않고 천천히 깨어나게 하기 위해서다. 도량석은 도량을 깨끗하게 하면서 잠들어 있는 천지만물을 깨우는 것과 함께, 모든 중생이 미혹에서 깨어나게 한다는 의미도 지닌다.

도량석이 10여 분 동안 계속된 후 종송이 뒤를 이었다. 종송

몸과 마음이 감동받다

은 종소리를 통해 모든 중생이 무명과 고통을 여의고 깨달음을 얻기를 원하는 내용을 담은 염불문을 한 스님이 법당에서 독송하면서 종을 치는 의식이다. 낮고 청아한 종소리와 염불이 어우러지는 종송이 또 10분 정도 이어졌다. 마음은 더욱 맑고 고요하게 가라앉았다.

스님들이 하나둘 대웅보전 법당으로 모여들면서 불전 사물 의식이 시작되었다. 한 스님이 멀리서 지켜보는 가운데 범종루에서 스님들이 번갈아 가며 법고를 시작으로 범종, 목어, 운판 순으로 사물을 울렸다. 불전 사물 의식도 10여 분 동안 계속되었다. 법복을 갖춰 입은 스님들이 본격적으로 법당으로 모여들고, 3시 30분이 되자 모든 스님이 법당으로 들어가 줄을 맞추어 앉았다.

스님들을 따라 들어가 법당 안 귀퉁이에 자리 잡고 앉았다. 참석 인원은 총 204명 중 140여 명. 전각마다 소임에 따라 남아 있어야 하는 스님들은 예불에 참석하지 않기 때문이다.

운문사 새벽 예불은
108배로 마무리

3시 40분이 되자 법당 안 예불이 시작됐다. 한국 산사의 새벽 예불은 다 비슷한 절차에 따라 진행되는데, 운문사의 경우는 다른 점이 있었다. 다른 사찰은 《반야심경》 독송을 마지막으로 잠시

최근 보행자 전용으로 새롭게 조성된 운문사 입구 '솔바람 길'.
운문사 매표소에서 사찰까지 약 2km의 솔숲길이 이어진다.

좌선을 하다가 마치지만, 운문사는《반야심경》독송 후 참석자
모두가 함께 108배를 한다. 참회문을 독송하면서 불상을 향해
절을 108번 한다.

　　이에 대해 주지 일진 스님은 "운문사 스님은 정식 승려가 되
기 전의 스님들이 대부분이기 때문에 108배를 통해 반성할 것
은 반성하며 몸과 마음을 가다듬어 하루를 새롭고 건강하게 시
작할 수 있도록 좌선을 하지 않고 108배를 한다."고 설명했다.

　　4시 20분, 예불이 끝나자 140여 명의 스님은 빠르게 움직

　　　　　　　　　　몸과 마음이 감동받다

이며 방석을 챙긴 뒤 법당 밖으로 나가, 두 줄로 줄지어 법당 앞 만세루 옆을 거쳐 각자의 처소로 돌아가는데 그 모습이 또한 볼 만했다. 이를 안항雁行이라고 한다.

스님들은 각기 처소로 돌아가 맡은 소임을 수행하는데, 대부분 스님은 5시 50분의 공양 시간까지 강당에서 경전을 읽는다. 아침 공양은 스님들의 전통 식사 방식인 발우 공양이다. 6시 30분 발우 공양 끝나면 잠시 자유 시간을 가진 뒤 7시 10분부터 수업이 진행된다. 11시 30분 점심 공양 후 공부와 일을 하는 일과가 이어지고, 오후 5시 50분의 저녁 공양 후에도 다시 일과가 진행된다. 잠자리에 드는 시각은 밤 9시다.

청도팔경으로 꼽혔던
운문사 새벽 예불

한편 운문사 새벽 예불은 '운문효종雲門曉鐘'이라 해서 청도팔경의 하나로 꼽혔다. 옛날부터 운문사 새벽 예불은 찬미의 대상이 되었던 모양이다. '운문효종'은 운문사에서 울려오는 새벽 예불 종소리와 원근의 새벽 경치를 말하는 것으로, 여명이 은은하게 찾아오는 가운데 여운을 남기며 울려 퍼지는 새벽 종소리는 수려한 산세와 더불어 한 폭의 선경이 아닐 수 없었을 것이다. '자계제월紫溪霽月'이 청도팔경 중 하나로 들어 있는 것을 보면, 운문사 새벽 예불이 청도팔경에 든 것은 탁영 김일손을 기려 세운

운문사 은행나무.

자계서원의 건립1518 이후의 일로 추정된다.

"산사의 새벽 예불은 매일 반복되는 일이지만, 하루 일과를 건강하게 보내느냐 아니냐의 여부를 좌우할 정도로 중요해서 스님들이 가장 중요하게 여기고 있습니다. 심신을 가다듬고 수행과 공부를 위한 기운을 얻는 시간이고, 환희심과 선열禪悅을 느끼고 경험하는 시간이기도 합니다."

주지 일진 스님은 새벽 예불의 의미를 이렇게 이야기하면서 "새벽 3시에 예불을 시작하는 것은 부처님이 샛별을 보고 깨

몸과 마음이 감동받다

달음을 얻은 시각이 그때이기 때문"이라고 설명했다. 또한 새벽
예불 시간은 어둠이 물러나고 밝아지기 시작하는 시간이고, 이
는 무명이 사라지고 깨달음을 얻는 것을 상징하는 의미도 있다
고 덧붙였다.

팔공산 백흥암의 미학

자연과 어우러진 산사는 아름답다. 맑은 수행자가 거주하는 산사는 더욱 아름답다.

갑자기 가을 산사를 찾고 싶은 마음이 들어 팔공산 은해사로 향했다. 은해사에 들러 여기저기 둘러본 뒤 백흥암을 찾았다. 사실 정말 가 보고 싶었던 곳은 백흥암이었다. 여성 스님인 비구니의 수행 도량인 백흥암은 평소 일반인의 출입이 제한되는 사찰이다. 그래서 본사 사찰인 은해사의 주지스님에게 부탁해 허락을 얻은 뒤 찾아갔다.

오후 1시 40분쯤 백흥암에 도착했다. 조용할 줄 알았는데, 암자 앞에 차량이 몇 대 있고 일반인도 보였다. 몇 사람이 무와 배추 등이 담긴 용기를 들고 백흥암 누각인 보화루 아래와 샘물이 있는 곳을 오가고 있었다. 주지스님이 있는지 물으니 보화루 아래에서 곧 나오실 것이라고 했다.

주지스님이 나오기 전에 보화루 위로 올라갔다. 단풍이 한창인 앞산 풍경을 잠시 즐긴 후, 뒤로 돌아 백흥암의 중심 전각인 극락전을 바라보았다. 엄격함과 절제미가 느껴지는 극락전이 처마로 그 앞의 심검당 및 진영각을 껴안고 있는 듯했다. 극락전은 전면 세 칸 규모의 작은 전각이다.

백흥암에서 만난 비구니 스님

스님들의 좌선 공간인 심검당 마루에 올라 맞은편 진영각 기둥에 걸린 주련을 전체적으로 촬영하려고 하는데, 스님 한 분이 극락전에서 나왔다. 진영각에는 추사 글씨로 전하는 주련 여섯 개와 '시홀방장' 편액이 걸려 있다. 시홀방장은 홀笏* 열 개를 이은 정도로 작은 규모의 공간을 일컫는 말로, 재가 수행자의 상징인 유마 거사가 머물던 방을 지칭하는 말이기도 하다. 스님을 보고 찾아온 취지를 이야기하니, 주지스님의 말씀을 듣고 기다리고 있었다며 극락전에 들어가 둘러보라고 했다.

법당 안에 들어가니 불상과 불상 위의 닫집, 불상 좌대인 수미단, 탱화, 천장 등 하나하나가 눈길을 사로잡았다. 모두가 하나같이 수준 높은 솜씨에다 고색창연함이 묻어났다. 이 모든 것이 어우러져 만들어 내는 장엄한 아름다움이 사람을 압도했다. 영화 〈리큐에게 물어라〉에서 "아름다움 앞에만 고개를 숙인다."고 했던 센노리큐도 이 법당에 들어서면 고개가 저절로 숙여지

---

* 벼슬아치가 임금을 만날 때에 손에 쥐던 물건. 수판(手板)이라고도 함.

백흥암에서 만난 스님이 보화루에서 이런저런 이야기를 나눈 뒤
누각 바깥을 내다보고 있다. 편액 '산해숭심(山海崇深)'은 추사 김정희의 글씨로,
원본은 은해사 성보박물관에 보관돼 있다.

지 않았을까 한다. 다만 수년 전 탱화가 도난당하는 사건이 있
은 후에 설치했다는, 문에 덧댄 쇠창살들이 눈에 거슬려 아쉬움
을 던져 주었다.

　스님에게 주지스님과 차 한잔할 수 있으면 좋겠다고 이야기
하자, 주지스님에게 전하겠다며 나갔다. 스님이 돌아올 때까지
참배하고 법당 안을 찬찬히 둘러봤다. 보물로 지정된 수미단의
다양한 조각을 비롯해 닫집의 용 조각, 대들보에 달린 반야용
선, 탱화 등을 살펴보았다.

　　　　　　　　　　몸과 마음이 감동받다

잠시 후 돌아온 스님이 주지스님은 일이 있어 급히 출타했다고 했다. 괜찮으니 대신 안 바쁘면 스님과 차 한잔하며 이야기를 좀 나누고 싶다고 했다. 스님은 백흥암에 온 지 얼마 안 돼 아는 게 없다고 했지만 재차 부탁하자 무슨 차를 좋아하는지 묻고는 차를 준비해 오겠다고 했다. 잠시 후 따뜻한 차를 준비해 온 스님과 보화루에 함께 올라갔다. 긴 의자에 같이 앉아 차를 마시며 이야기를 나눴다.

스님은 출가한 지는 16년이 되었고 백흥암에 온 지는 5개월 정도 됐다고 했다. 백흥암이 정말 좋다는 스님은 수행 환경이 온전하게 유지되고 있는 백흥암에서 수행하는 큰 복을 누리고 있다고 했다.

필자의 개인적인 수행 경험담을 이야기하고 조언을 구하자, 흔하지 않은 경험을 했다고 격려한 뒤 그 맑은 심신의 상태를 늘려 가고 유지하는 것이 중요하니 특히 계戒를 지키며 열심히 정진하라고 답했다. 그리고 계를 지키는 생활의 중요성과 함께 자신의 경험들을 들려주었다. 산사에 살면서 '산사 미학'으로 어떤 것을 이야기할 수 있겠느냐는 물음에 스님은 친환경적 방식의 전통 해우소가 어떠냐고 대답했다.

사찰들도 최근 들어 화장실을 편리한 수세식으로 많이 바꾸고 있는데, 백흥암은 여전히 옛날의 친환경적 방식을 유지하고 있다. 처음에는 바닥에 쥐가 노는 모습을 보며 놀라기도 하고 불편하기도 했지만 덕분에 주위 환경을, 지구촌을 오염시키

주변에 핀 국화꽃들을 띄워 놓은
백흥암의 돌확 수조.

는 공범이 되지 않고 있다는 점에서 마음이 편하다고 강조했다.

해우소를 예로 들어 이야기했지만, 산사에는 타락한 자본주의, 물질 만능주의의 물결에 휩쓸리지 않고 소박함을 영위하는 생활 방식이 많이 유지되고 있다. 그러한 삶의 가치와 중요성을 이야기하면서 공감을 나눴다. 이렇듯 보화루에서 차를 마시며 이야기를 나누니 맑은 기운으로 충만해지는 것 같았다. 가을 햇살이 비쳐드는, 텅 빈 보화루가 지극히 아름답게 느껴졌다.

백흥암을 떠나기 위해 보화루를 내려왔다. 헤어지기 전, 이런 좋은 곳에서 수행할 수 있어 좋겠다는 말을 건넸다. 스님은 복이 많다고 할 수도 있지만, 항상 부담을 느끼며 살고 있다고 답했다. 주위의 도움으로 수행하는 만큼, 조금만 수행을 게을리

몸과 마음이 감동받다

해도 응당한 과보를 받을 것이라 생각하며 수행한다는 것이다. 너무 심각하게 부담을 느끼지 말라고 하자, 부담을 느껴야 마땅하다고 재차 말했다.

스님은 백흥암 샘물 맛이 좋다며 물을 한 바가지 떠 주며 맛보라고 했다. 정말 맛이 좋았다. 감로수라 할 만했다.

맑게 정진하는 스님들, 산사 미학의 원천

백흥암에는 극락전 건물과 그 안의 수미단과 탱화, 추사 글씨 현판 등 귀중한 문화재가 많다. 이러한 문화재와 산사 풍경이 주는 아름다움도 크다. 하지만 무엇보다 그곳에서 수행에 몰두하는 스님들에게는 나오는 맑은 기운의 아름다움이 최고이지 않을까 싶다. 이야기를 나눈 스님뿐만 아니라 백흥암에 사는 모든 스님이 깨달음을 얻어 부처의 경지에 이르고자 정진하고 있을 것이고, 이런 데서 나오는 기운이 백흥암 미학의 뿌리이고 가지이며 꽃일 것이다. 수행에 매진하는 수행자들의 내면의 힘이 만들어 내는 아름다움보다 더한 아름다움이 있을까.

백흥암을 나와 중앙암까지 올라갔다. 처음 가는 길이다. 만추의 단풍이 맑은 햇살에 빛나고 있었다. 스님과 이야기할 때 느낀 아름다움과는 다른, 기분을 들뜨게 하는 아름다움을 흠씬 누리며 가을 기운 속으로 빠져들어 갔다.

백흥암은 30여 년 전 육문 스님이 이곳에 자리를 잡으면서

보화루에서 바라본 백흥암 극락전.

스님들의 수행 공간이 법당과 붙어 있어 수행에 방해될 수 있다
는 우려로 일찌감치 일반인의 산문 출입을 제한했다고 한다. 결
제 기간에는 이곳 스님들은 매일 12시간씩 정진한다. 오전 3시
30분 입선에 들어 5시까지 정진하고, 오전 6시 발우 공양을 한
다. 다시 7시 30분에 오전 입선에 든다. 방선 후 점심 공양을 한
뒤 오후 1시부터 정진이 이어진다. 일과는 밤 10시가 되면 마무
리된다.

몸과 마음이 감동받다

제6장

한국 산사의 미학

중국 사찰과 푸근한 포대화상

한국의 옛 산사에는 없지만, 중국 사찰에 가면 흔히 볼 수 있는 불상이 있다. 포대화상布袋和尚이다.

불교에는 석가모니 부처 다음에 올 미래 부처에 대한 이야기가 있다. 오랜 세월이 흘러 석가모니 부처의 가르침이 서서히 잊힌 후 도솔천에서 있는 '미륵'이라는 부처가 이 세상에 나타나 불법을 다시 편다는 것이다. 중국에서는 세상이 혼탁해지고 혼란스러워지면 미륵이 내려온다는 이 신앙을 믿으며 희망을 가졌다.

포대화상은 소면화상笑面和尚이라고도 하는데, 중국에서는 미륵불로 널리 알려져 있다. 그러나 이 포대화상은 미륵불을 형상화한 것이 아니고, 후량 때의 실존 인물인 계차 스님의 모습이다. 그는 뚱뚱한 몸매에 불룩 나온 배를 드러낸 채, 등에는 큰 포대를 메고 항상 껄껄 웃고 다니며 사람들을 도와주었다. 스님이 항상 등에 포대를 짊어지고 다녀 '포대화상'이라고 불렸는데, 그 포대에는 어린이들이 좋아하는 물품들이 가득 차 있었다고 한다.

많은 사람이 계차 스님을 미륵의 화신으로 추앙하면서, 포대화상을 묘사한 불화나 불상을 만들고 복을 비는 미륵 신앙이 널리 퍼지게 된 것이다.

중국인들에게 인기 있는
포대화상

중국 사찰을 둘러보면 이 포대화상을 곳곳에서 만날 수 있다. 그중에서 역사도 오래되고 조각 솜씨도 뛰어난 대표적 포대화상으로 저장성 항저우에 있는 영은사의 포대화상을 꼽을 수 있을 것이다. 2019년 가을, 이 포대화상을 15년 만에 다시 찾아보았다.

영은사 매표소를 거쳐 장쩌민 전 국가 주석의 글씨 편액인 '영은사靈隱寺'가 걸린 일주문을 지나 조금 가면 이공지탑理公之塔이라는 칠층석탑이 나온다. 이 탑은 326년 영은사를 창건한 인도 승려 혜리惠理 스님을 기리는 탑이다. 탑을 지나 조금 더 가면 왼쪽으로 작은 계곡이 흐른다. 계곡 오른쪽에 난 길옆에는 영은

중국 항저우에 있는 영은사 앞 비래봉에 조성된 포대화상.
이곳의 수많은 불상 조각 중 최고 걸작으로 남송 시대에 조성됐다고 한다.
높이 3.3m, 좌우 10m 정도.

사가 자리하고 있고, 맞은편 계곡 건너에는 석회암으로 된 산인
비로봉의 석굴과 암벽 곳곳에 조성된 수많은 불상이 있다. 오대
五代부터 송·원·명에 걸쳐 470기의 불상과 보살상이 조성됐
는데, 자연재해 등으로 사라지고 지금은 380여 기가 남아 있다
고 한다.

이 중에 포대화상이 있다. 바위산을 파내 석굴을 만들고 그
안에 불룩한 배와 배꼽을 드러내고 파안대소하고 있는 모습이

다. 한 손에는 염주를 들고, 다른 한 손은 팔걸이에 얹은 채 앉아 있다. 좌우에 다양한 모습의 스님들 15명이 서 있거나 앉아 있다. 조각 솜씨가 뛰어나다. 이곳의 불상 조각 중 최고 걸작이라 할 만한 이 포대화상은 남송 시대에 조성됐다고 한다. 영은사 입장 티켓에도 이 포대화상 사진이 올라 있다.

15년 전에 방문했을 때는 사람들이 포대화상 위에 직접 올라가서 만질 수도 있으나 지금은 출입을 금지하고 있었다.

이 포대화상 말고 이공지탑 부근의 비래봉 절벽에 이와 비슷한 모습의 불상이 하나 더 있다. 암벽을 파낸 석굴 안에 포대화상이 불룩한 배를 드러내고 혼자 앉아 있는 모습이다. 원대에 조성된 상인데 제공 스님 상이라고도 한다. 제공 스님은 영은사에도 살면서 많은 기행을 남기며 활불活佛로 통한 전설적 인물이다.

영은사는 중국 선종의 10대 사찰에 속하는 고찰로, 인도에서 온 혜리 스님이 이곳에 들렀다가 인도의 영취산을 닮은 산을 보고 "석가모니 부처님이 계시던 천축국의 영취산이 어떻게 여기로 날아온 것인가." 하고 감탄하며 이름을 '비래봉飛來峰'으로 짓고, 맞은편에 신성한 신령이 깃들어 있는 곳이라는 뜻의 '영은사'를 창건했다고 전한다. 영은사는 오대십국의 오월 시대에 가장 번성했다. 당시에는 9개의 누樓, 18개의 각閣, 72개의 전殿에 모두 1,200여 개의 방이 있었고, 승려 수는 3,000명에 이르렀다고 한다. 이후 1816년 큰 화재로 폐허가 되었으나 1823년

중국 저장성 우시의 영산 승경구 내 영산대불 아래에 있는 포대화상.

부터 5년에 걸쳐 대웅보전과 천왕전, 약사전 등을 재건했다. 그 후 1956년과 1975년에도 대규모 복원이 이루어져 지금의 모습을 갖추었다. 중심 불전인 대웅보전에는 높이 $25m$ 정도의 거대한 석가모니 불상이 있다. 1956년에 절강미술대학교 교수와 예술인들이 합작해 만든 것이라 한다. 그리고 천왕전에는 '운림선사雲林禪寺'라는, 청나라 황제 강희제의 친필 편액이 걸려 있다.

포대화상은 근래에 들어서도 계속 제작되고 있다. 저장성 닝보시 설두사雪竇寺에는 2006년 높이 54.7m의 세계에서 가장 큰 규모를 자랑하는 포대화상의 미륵대불 '인간미륵'이 건립돼 수많은 사람을 끌어들이고 있다. 설두사가 있는 설두산은 중국 불교의 5대 명산*으로 꼽히며, 포대화상은 닝보 출신이다. 그는 이곳 설두사를 중심으로 자비를 베풀어 미륵보살의 화신으로 여겨졌다. 그런 인연으로 이 미륵대불이 세워진 것이다.

저장성 우시無錫에 있는 영산승경구 내에도 수많은 동자에 둘러싸인 포대화상을 근래에 건립, 방문자들의 인기를 끌고 있다.

파격적 언행을 보였던
포대화상

포대화상은 중국의 대혼란기인 오대십국 시대 후량의 선승으로, 917년에 열반한 계차 스님이다. 배가 풍선처럼 불룩했던 스님은 항상 웃는 얼굴로 커다란 자루를 둘러메고 다녔다. 무엇이든 주는 대로 먹고 어디서든 누워 잘 자면서도, 어디에도 머무는 바 없이 이 마을 저 마을 돌아다니며 사람들과 어우러져 살았다. 특히 어린아이들과 친구처럼 잘 어울렸다.

---

* 중국 오대명산과 불교 도량은 다음과 같다. 산시성 오대산(五台山) 문수도량, 쓰촨성 아미산(峨眉山) 보현도량, 저장성 보타산(普陀山) 관음도량, 안후이성 구화산(九華山) 지장도량, 저장성 설두산(雪竇山) 미륵도량.

한국 산사의 미학

어느 날 한 사람이 포대화상에게 물었다.

"스님은 어찌하여 귀중한 시간을 아이들과 노는 데만 허비하고 계십니까. 스님께서 불법을 깨달으셨다면 저희에게 그 불법을 보여 주십시오."

스님은 포대를 땅바닥에다 내려놓으며 "이것이다. 이것이 불법의 진수다. 내가 짐을 내려놓았듯이 그대도 메고 있는 짐을 내려놓으라."라고 말했다.

질문자는 다시 "그다음에는 무엇을 해야 합니까?"라고 물었다. 스님은 다시 포대를 짊어지더니 말했다.

"이것이 바로 그다음 일이다. 나는 짐을 짊어졌지만 짐을 지고 있는 것이 아니다."

포대화상은 여러 수의 게송을 남겼다.

발우 하나로 천 집의 밥을 얻어먹고
외로운 몸 만 리에 노닌다.
푸른 눈 알아보는 이 없으니
흰 구름에게 길을 묻노라.
一鉢千家飯
孤身萬里遊
青目睹人少
問路白雲頭

늠름하고 자재하여도 하는 일 없으니
한가롭고 한가로와 출가한 장부일세.
눈앞에 참된 도를 본다 하여도
티끌만큼도 기이하게 여기지 않네.
騰騰自在無所爲
閑閑究竟出家兒
若觀目前眞大道
不見纖毫也大奇

오직 이 마음을 마음이라고 하는 마음만이 부처이니
시방세계에 가장 영특한 물건일세.
가로세로 묘한 작용 신통한 그놈이니
온갖 것들 마음의 진실함만 못하다네.
只箇心心心是佛
十方世界最靈物
縱橫妙用可憐生
一切不如心眞實

나에게 한 포대가 있으니
허공에 걸림이 없어라.
열어 펼치면 우주를 두루 감싸고
오므리면 관자재로다.

我有一布袋

虛空無罣碍

展開遍宇宙

入時觀自在

미륵 참 미륵이여

천백억의 몸으로 나누어

때때로 사람들에게 보여 주었건만

그 사람들 알지 못하더라.

彌勒眞彌勒

分身千百億

時時示時人

時人自不識

　포대화상은 마지막 게송을 임종게로 남기고, 출가했던 악림
사 옆 큰 바위에 단정히 앉은 채로 입적했다고 한다.

인왕문이 있는 곳

일본의 사찰들을 둘러보면 한국과 여러 가지 점에서 차이가 있음을 알 수 있다. 그중 하나가 우리나라 산사에는 기본적으로 있는 천왕문天王門이 일본 사찰에서는 보이지 않는다는 점이다. 사천왕상이 있는 천왕문 대신 불법을 수호하는 신장인 인왕상이 지키고 있는 인왕문仁王門을 종종 만나게 된다. 일본 교토와 나라의 여러 사찰을 둘러보면서 확인할 수 있었다.

일본 사찰에서 본 인왕상들은 대부분 조각 솜씨가 매우 뛰어나 저절로 발길을 머물게 했다. 이때 본 인왕상은 모두 나무로 된 것이었는데, 우람한 보디빌더를 떠올리게 하는 근육질의 남성 몸매 형상을 뛰어난 솜씨로 빚어내고 있었다.

교토에서 닌나지 · 다이고지 · 기요미즈데라의 인왕상을, 나라에서는 도다이지의 인왕상을 보았다.

일본

인왕상　　닌나지의 정문에 해당하는 인왕문은 전면 다섯 칸에 2층 구조의 큰 건물이다. 무서운 얼굴에다 울퉁불퉁한 근육질 몸매의 인왕상은 문 양옆에 한 칸씩 차지하고 있다. 허리 아래쪽은 나무 창살로 보호하고 있다. 현재의 이 문은 1644년에 다시 건립된 것이라 한다. 닌나지 인왕문은 지온인과 난젠지의 산문山門과 더불어 교토 3대 산문으로 꼽힌다. 사찰 정문인 산문은 삼문三門이라고도 하는데, 삼문은 삼해탈문三解脫門의 준말이다.

다이고지 인왕상은 서대문으로도 불리는 인왕문3칸 양쪽에 하나씩 서 있다. 1134년에 제작된 것이다. 닌나지 인왕상보다 부드럽고 유려한 선을 보여 준다. 아마도 통나무를 사용한 듯한데, 무슨 나무인지 무늬와 색깔이 독특하다. 현재의 인왕문은 1605년에 재건한 것이고, 인왕상은 불타 버리고 지금은 없는 남쪽 대문에 모셔져 있던 것을 옮겨 왔다고 한다.

도다이지 남대문의 양쪽에 있는 인왕상은 1203년에 제작되었다. 이 인왕상은 크기도 엄청나고, 험악한 얼굴에다 매우 역동적 모습을 하고 있다. 높이가 8.4m에 이르는데, 일본에서 가장 큰 인왕상이라고 한다. 전면 다섯 칸, 측면 두 칸의 복층 구

교토 닌나지 인왕상.

조인 이 남대문도 높이가 24m가 넘는다. 일본 최대 산문이다. 1988년부터 1993년까지 5년에 걸쳐 해체·수리했는데, 당시 인왕상 안에는 밀교 계통 경전과 함께 69일만에 완성했다는 기록도 있었다고 한다. 이 인왕상은 여러 조각의 나무를 붙여 만든 것이고, 뒷면은 입체가 아니고 평면으로 되어 있다.

도다이지 인왕상은 일본의 국보이고, 닌나지와 다이고지 인왕상은 중요문화재로 지정돼 있다.

일본 사찰에 천왕문이 따로 존재하지 않는 것은 주로 금당金堂이나 강당講堂의 본존불 불단의 네 귀퉁이에 사천왕상을 봉안하는 것이 통례이기 때문이라고 한다. 우리나라도 예전에는 인왕문이 많았는데, 조선 시대 이후 천왕문이 보편화되면서 인왕문을 대신하게 된 것으로 보고 있다.

한국의

인왕상　　　한국 산사에는 인왕문을 별도로 둔 경우가 별로 없다. 속리산 법주사와 김천 직지사 등 몇 군데 되지 않는다.

　법주사 금강문은 일주문을 지나 한참 올라가면 가장 먼저 만나게 되는 문이다. 이 금강문에는 인왕상이 양쪽에 서 있다. 그리고 사자를 탄 문수보살상과 코끼리를 탄 보현보살상이 각각 그 옆에 모셔져 있다. 금강문을 지나면 천왕문이 나온다. 직지사도 같은 구성이다. 일주문을 지나서 금강문이 있고, 금강문을 지나면 바로 천왕문이 나온다.

　우리나라 산사의 경우, 중요한 문화재로 꼽을 만한 인왕상은 벽화나 석탑에 새겨진 조각 등으로 남아 있다. 가장 대표적 인왕상은 불국사 석굴암의 주실 앞 좌우에 있는 인왕상이다.

　인왕상 벽화로는 양산 통도사 극락보전 인왕도를 꼽을 수 있다. 통도사는 금강문이 따로 없고, 극락보전 양쪽 벽에 그려진 인왕상이 그 역할을 하고 있다. 역동적인 모습의 인왕을 표현한 솜씨가 매우 뛰어남을 알 수 있다. 이 극락보전은 천왕문을 지나 가장 먼저 만나는 법당이다. 고려 때인 1369년에 창건

양산 통도사 극락보전 인왕상 벽화.

되었고, 지금의 건물은 1801년에 중건됐다는 기록이 있다.

합천 해인사는 사천왕상이 있는 봉황문의 대문에 인왕상을 그려 놓았다.

석탑에 새겨진 인왕상으로는 경주 양북면의 장항리사지 서오층석탑의 인왕상이 대표적이다. 1층 탑신 네 면에 각기 문 모양과 함께 그 좌우에 인왕상을 조각하였다. 조금씩 다른 모습인데 뛰어난 조각 솜씨를 보여 준다. 1987년 국보 제236호로 지정된 이 탑은 높이 9.1m로, 2층 기단 위에 5층 탑신을 올린 석탑이다. 동오층석탑에도 인왕상이 새겨져 있는데 많이 마모되었다.

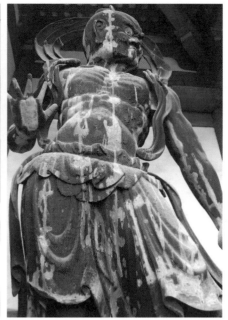

교토 다이고지 인왕상.

밀적 금강,
나라연 금강

금강역사金剛力士, 이왕二王, 이천왕二天王으로도 불리는 인왕은 인도 신화에서 유래되었다. 인도에서 문을 지키는 신이었는데, 이를 불교에서 받아들여 부처와 불법을 지키는 신으로 자리 잡게 되었다.

금강역사는 보통 두 종류로 표현된다. 하나는 밀적密迹 금강역사이고, 다른 하나는 나라연邢羅延 금강역사이다.

밀적 금강역사는 금강저金剛杵라는 무기를 들고 있는 모습으로 많이 표현된다. 금강저는 세상에서 가장 강한 금강으로 만들어진 무기이다.

경주 장항리사지 서오층석탑 인왕상(일부).

　　나라연 금강역사는 그 힘이 코끼리의 백만 배나 되고, 그가
소리를 지르면 중생은 귀가 먹어 버린다고 한다. 그래서 나라연
금강역사는 입을 벌린 모습으로 표현된다. 이 나라연 금강역사
는 '아阿금강역사'라고 부른다.

　　밀적 금강역사는 입을 굳게 다물고 있는 모습으로 표현되는
데, '훔吽금강역사'라고 한다. 아는 범어의 첫 글자이고 훔은 끝
글자로, 금강역사의 입은 시작과 끝을 연결하는 영원과 통일을
상징한다고 한다.

　　인왕상은 대부분 머리 부분에 커다란 두광頭光이 표현되는
데, 이는 이들이 힘만 센 것이 아니라 신성한 지혜도 갖추고 있

합천 해인사 봉황문 문짝 양쪽에 그려진 인왕상.

음을 상징적으로 보여 주는 것이다. 대개 인왕문에 모셔지지만, 탑의 입구나 탑신에도 표현되며, 명부전의 입구 좌우에 자리를 잡는 경우도 있다.

일본 사찰의 정원

우리나라 산사는 큰 사찰이라도 특별히 조성한 정원이 따로 있는 경우가 거의 없다. 사찰 경내의 마당이나 뜰에는 매화나무나 배롱나무 등을 몇몇 군데에 심거나, 드물게 작은 화단이나 연못이 있을 뿐이다. 승주 선암사가 그나마 두어 개의 연못과 함께 소나무와 매화나무 등 큰 나무가 있고, 다양한 꽃이 있는 화단이 비교적 많은 절에 속한다. 그리고 해남 대흥사에 초의선사가 조성했다는, 드물게 인위적으로 만든 무염지無染池라는 작은 연못이 있는 정도다.

반면 일본 사찰에 가면 곳곳에 일부러 많은 공을 들여 따로 만든 정원을 만날 수 있다. 특히 방장 건물 주위는 유명한 모래 정원 외에도 다양한 정원이 조성돼 있다. 아름다운 정원으로 세계문화유산에 등재된 교토 덴류지의 정원이 특히 유명하다. 덴류지는 선종인 임제종 덴류지파의 본산 사찰이다.

일본 특별명승 제1호
덴류지 정원

덴류지 정원은 방장 주위에 조성돼 있다. 입장료를 내고 정원으로 가는 문에 들어서면 오른쪽에 법당보다 큰 방장 건물이 있고 그 앞에 흰모래로 된 가레산스이枯山水 정원이 있다. 흰모래가 일정하게 골을 지어 평평하게 깔렸고, 담장 쪽에 잘생긴 소나무들이 몇 그루 서 있다. 소나무 주위 바닥을 이끼로 덮은 꽤 넓은 마당 정원이다.

방장 건물을 따라 오른쪽으로 돌면 연못을 중심으로 한 정원이 산을 배경으로 펼쳐진다. 건물 앞은 흰모래가 깔려 있고, 그 너머로 연못이 조성돼 있다. 작은 섬이 양쪽에 있는 이 연못은 굴곡이 많은 타원형인데, 못 주변이나 못 안에 백여 개의 크고 작은 돌들이 조화롭게 박혀 있다. 연못과 접해 있는 산은 단풍나무를 위주로 한 다양한 수목들이 울창하다. 건물과 연못 사이의 길을 따라 연못을 지나면 백화원百花苑이 펼쳐지고, 마지막 부분에는 왕대 대나무 숲이 있다. 그리고 돌아서 산속에 난 길을 따라 '망경望京의 언덕' 길을 걸으면서 경치를 감상하며 연못 주위를 돌아볼 수 있도록 설계되어 있다.

일본의 대표적 사찰 정원인 교토 덴류지 정원의 일부.
연못 소겐치를 중심으로 조성한 덴류지 정원은 일본의 사적·특별명승 제1호이고,
일본 정원 문화에도 큰 영향을 미쳤다.

연못 소겐치曹源池를 중심으로 한 이 덴류지 정원은 '심心' 자
모양과 비슷한 형태의 큰 연못을 조성하고, 그 주변으로 산책길
을 낸 지천회유식池泉回遊式 정원이다. 한참 둘러보아야 할 정도로
크다.

한쪽 면이 산자락에 접해 있는 이 정원은 주위의 자연 풍광
을 그대로 연결해 끌어들이고 있다. 인공과 자연이 조화롭게 어
우러진 정원이다. 아름다운 산수화를 펼쳐 놓은 듯하다. 담장이
있는 일본의 다른 사찰의 방장 주변 정원과는 다른 모습이다.

연못가에 크고 작은 돌들이 조화롭게 배치되어 있고, 주변

한국 산사의 미학

의 수목과 산, 꽃동산 등이 자연스럽게 어우러져 약동감이 있으면서도 아름답고 섬세한 풍취를 선사한다. 계절마다 멋진 풍광을 자랑하는 이 정원은 누구나 보면 좋아할 아름다움을 지니고 있다. 2019년 봄 이곳에서 만난, 부산에서 친구들과 함께 온 40대 후반의 여성은 이 정원을 좋아해 세 번째로 온 것이라고 말하기도 했다.

무소국사가
1345년에 조성

덴류지는 1339년에 억울하게 죽은 고다이고 일왕의 명복을 빌기 위해 아시카가 다카우지 장군이 무소 소세케국사國師를 개산조사로 하여 창건한 사찰이다.

고다이고 일왕은 어린 시절을 이곳에서 보냈다. 일왕의 큰 신임을 받고, 또 장군들의 존경을 받았던 무소국사는 아시카가 장군에게 고다이고 일왕의 명복을 빌기 위한 선종 사찰을 이곳에 건립할 것을 건의했다. 그의 건의는 장군을 통해 조정에 전해지고, 조정은 새로운 사찰 건립 허가를 내렸다. 그런데 거대한 선종 사찰을 건립하려면 막대한 자금이 필요했다. 다이묘大名*의 기부금만으로는 도저히 마련할 수 없었다. 무소국사는 자

---

*   일본 각 지방의 영토를 다스렸던 영주들.

덴류지 방장 건물 앞의 가레산스이 정원.

금을 조달하기 위해 원나라에 독자적으로 무역선을 보낼 것을
제안했다.

마침내 막부의 허가를 받아서 덴류지선이 파견되었다. 당시
의 자료에 의하면 상인이 선장이었던 이 무역선은 백배의 이익
을 얻었다고 한다. 이런 방식으로 사찰 건립이나 수리 등의 비
용을 마련하기 위해 파견된 무역선으로는 가마쿠라의 겐초지
선建長寺船 등의 전례가 있다. 당시 선승들은 이런 무역선을 타고
일본과 원나라를 왕래했으며, 이는 일본의 선종 보급에 큰 영향
을 미쳤다.

한국 산사의 미학

덴류지는 14세기 중반에 일어난 화재를 비롯해 여덟 번의 대화재에서 피해를 입어 소실과 재건을 반복했다. 현재 경내에 있는 건물 대부분은 19세기 후반인 메이지 시대에 재건된 것이다. 그러나 이런 와중에도 무소국사가 설계한 정원은 창건 당시의 모습을 유지하여 오늘까지 이르렀다.

무소국사는 임제종을 발전시킨 고승이면서 뛰어난 정원 설계사였고, 다수의 정원을 설계했다. 그중 연못 소겐치를 중심으로 조성한 덴류지 정원은 일본 정원 문화에 큰 영향을 준 대표적인 정원이다. 이 정원은 일본의 사적·특별명승 제1호이고, 이 정원을 포함한 덴류지는 1994년 세계문화유산으로 등재되었다.

무소국사는 이 아름다운 정원을 통해 선禪의 마음을 표현했다고 한다.

산수山水에는 득실得失이 없다. 득실은 사람의 마음에 있다.

무소국사가 남긴 말이다. 정원을 만들고 좋아하더라도 정원으로 인해 마음이 흔들리는 일이 없기를 주문하는 듯하다.

그동안 둘러본 교토 산사는 덴류지나 료안지처럼 대부분 방장 건물 주위에 다양한 정원을 조성해 놓고 있다. 료안지는 방장 주위에 가레산스이 정원과 이끼 바닥 위에 나무 등이 있는

덴류지 정원의 대나무 숲.

이끼 정원이 있고, 지천회유식 정원인 쿄요치鏡容池 정원은 따로
조성했다. 도후쿠지는 방장 건물 동서남북 사방에 가레산스이
를 비롯해 다양한 형태의 정원을 만들어 놓았다. 닌나지도 가레
산스이 정원과 지천회유식 정원 등이 어우러져 있다.

　　주지 처소이자 손님 접대나 회의 공간으로 사용된 방장 건
물 주위의 정원은 툇마루나 회랑, 방 안에서 보며 즐길 수 있도
록 설계되어 있다. 정원 조성에 각별히 신경 쓴 이런 일본 사찰
정원 문화는 우리 산사와는 전혀 다른 문화임을 보여 준다. 수

행 위주보다는 거주자나 방문자를 위한 공간으로 인위적인 정원을 조성하는 데 주안점을 두었다는 생각이 든다.

독특한 모래 정원, 가레산스이

일본 사찰을 둘러볼 때 매우 낯설고 인상적으로 다가오는 것 중 하나가 가레산스이枯山水라고 하는 정원이다. 석정石庭이라고도 한다. 굵은 흰모래와 크고 작은 돌, 이끼로 만든 정원이다. 물이나 수목을 사용하지 않고 산수나 바다와 섬 등의 풍경을 추상적으로 표현한다.

우리나라 산사에는 없는, 일본 사찰에만 있는 가레산스이 정원은 많은 사람이 '일본의 미美'를 상징하는 대표적 예로 떠올린다. 이런 정원은 특히 일본 선종 사찰에서 많이 만들어지고 발달했다. 중국 선불교와 수묵 산수화의 영향을 받은 양식으로, 일본 정원 문화의 정수로 꼽힌다. 이 정원 양식은 무로마치 시대1338~1573 초기에 시작돼 중기에 완성된 것으로 보고 있다.

가레산스이 정원은 일본의 유명 산사 대부분에서 만날 수 있다. 교토의 유명 고찰인 료안지, 다이토쿠지, 닌나지, 난젠지, 도후쿠지, 겐닌지, 긴카쿠지 등에도 이런 정원이 있다.

일본 선종 사찰은 삼문三門, 법당, 방장方丈*, 구리庫裏**, 선당禪堂, 동사東司***, 욕실을 기본 건물로 하는 7당 체제를 갖추고 있다. 가레산스이 정원은 주로 방장 건물에 조성돼 있다.

'선禪 정원'으로 불리는
료안지 석정

모래 정원 중에서는 1994년에 세계문화유산이 된 료안지의 가레산스이 정원이 특히 유명하다. 일본을 대표하는 석정이며 역사도 매우 오래됐다. 료안지 자리는 원래 귀족 도쿠다이지 가문의 별장이 있었으나, 무로마치 시대에 장군을 보좌하는 관령管領직을 맡은 호소카와 가츠모토가 이 땅을 양도받아 1450년에 창건했다. 가츠모토는 료안지 개산조인 기텐겐쇼선사에 깊이 귀의했다. 두 사람의 관계는 마치 중국 북송의 용안산龍安山 도설사의 종열선사와 재상이었던 장상영의 깊은 관계와 비슷하다고 해서 사찰 이름을 료안지龍安寺로 붙였다.

---

*   주지스님의 처소 겸 접견실.

**   부처에게 올리는 밥이나 승려의 음식을 마련하는 곳.

***   화장실.

일본의 가장 대표적 가레산스이 정원인 교토 료안지 석정.
료안지 방장 건물 앞에 있으며, 서양 사람들로부터 '선 정원(Zen Garden)'으로 불린다.

　　료안지는 오닌의 난*으로 불탔으나 1499년에 다시 건립되
었다. 모래 정원은 당시인 1500년경 당시 주지이던 도쿠호 젠게
츠가 중심이 된 선승들에 의해 만들어졌다고 한다. 정원은 료안
지 방장 건물의 남쪽 툇마루 앞에 조성돼 있다. 일본 선종 사찰
의 방장은 사찰의 조실 또는 주지가 거주하는 곳이면서, 회의를
하고 손님을 접대하는 공간으로 활용되는 건물이다. 우리나라
사찰의 주지스님이 머무는 곳과는 달리 매우 규모가 크고 주변

---

* 　무로마치 시대 당시 1467년부터 1477년까지 계속된 내란.

에는 보통 정원을 조성한다.

료안지 가레산스이 정원은 동서 $25m$와 남북 $10m$ 넓이의 평평한 장방형 마당에 흰모래를 깔고 그 위 곳곳에 크고 작은 돌 15개를 다섯 개, 두 개, 세 개, 두 개, 세 개씩 무리 지어 놓았다. 돌 무리는 이끼 위에 놓여 있다. 모래를 갈퀴로 정리해 돌 무리 주위는 둥글게, 그 외에는 직선으로 가지런히 손질하여 잔잔한 바다에 떠 있는 섬들을 연상시킨다. 15개의 돌은 어느 방향에서 보아도 하나는 보이지 않는데, 심안이 열려야 보인다는 이야기가 회자되고 있다.

절묘한 배치가 매력적이라는 이 돌들이 무엇을 상징하는지는 밝혀지지 않았다고 한다. 보는 이들이 여러 가지 의미로 해석하고 있을 뿐이다. 모래와 돌로 만든 500여 년 전의 파격적 설치미술 작품이라는 생각이 든다.

료안지 가레산스이 정원은 정원을 둘러싼 흙담 또한 유명하다. 유채 기름을 섞어 반죽한 흙으로 만든 것이다. 이렇게 만들면 그 강도가 더욱 높아지고 방수성도 높아지기 때문이라고 한다. 갈색 담장에는 세월이 흐르면서 기름이 배어 나와 생겨난 것으로 보이는, 자연스러운 얼룩이 곳곳에 있다. 이런 담이 하얀 모래와 어우러져 특별한 맛을 내고 있다.

료안지 가레산스이 정원은 오래전부터 개성적인 정원으로 알려져 왔지만, 일반 사람들이 많은 관심을 갖게 된 것은 20세

교토 도후쿠지 석정.
사진은 도후쿠지 방장 건물의 정원인데, 건물 사방에 다양한 석정이 있다.

기 중반부터다. 서양의 작가나 철학자 등이 료안지를 방문해 칭찬한 후, 세계적으로 유명세를 떨치는 대표적 일본 정원이 되었다. 특히 1975년에 영국 엘리자베스 여왕이 료안지 가레산스이 정원을 방문해 칭찬하면서 더욱 유명해지게 되었다. 서양에서는 료안지의 모래 정원을 '선 정원'으로 부르며 선禪의 상징으로 보고 있다.

선종 사찰의
다양한 모래 정원

일본 선종 사찰의 방장 뜰에 왜 이런 가레산스이 정원을 조성했을까? 우리 나라 산사로 치자면 대나무 빗자루로 깨끗하게 쓸어 놓은 주지실이나 요사채의 마당이 이에 해당할 것이다. 가레산스이 정원은 명상을 유도하는, 삼매에 드는 데 도움이 되도록 만든 정원이라고 하며, 선禪을 표현한 것이라고도 한다.

료안지의 경우는 돌과 모래, 이끼로만 조성했지만, 세월이 흐르면서 가레산스이 정원은 사찰별로 다양하게 변주되었다. 긴카쿠지의 정원은 돌은 사용하지 않고, 모래로만 산과 물결을 표현했다. 달빛을 감상하기 위해 '향월대向月臺'라 이름 붙인 원추형 산은 후지산을 본뜬 것이라 한다. 다양한 수목들이 있는 주변의 정원과 따로 구분되어 있지 않은 형태다. 겐닌지나 닌나지, 덴류지, 도후쿠지의 가레산스이 정원처럼 나무를 함께 활용한 경우도 많다.

일반적으로 방장 건물의 중심 뜰에 조성되는 이런 정원에는 가레산스이 정원뿐만 아니라 연못을 중심으로 한 지천회유식 정원, 이끼 정원 등 다양한 형태의 정원이 조성돼 있다.

일본 특유의 정원 형식인 가레산스이 정원은 정원 안에 들어가지 않고 마루나 방에 앉아서 바라보기 위해 만들어진 것이다. 보통 방장 툇마루가 사람들이 편안히 앉아 석정을 바라보며 감상할 수 있는 구조로 되어 있다. 전각 주위에 바로 숲이 있는 산과 계곡이 펼쳐지는 우리와 달리 굳이 담장 안에 모래와 돌 등으로 정원을 꾸미고 감상할 마루를 따로 만드는 것은 역사의 차이, 문화의 차이라고 할 수밖에 없을 것 같다. 모든 것을 초월해 깨달음을 추구하는 선 수행 도량인 사찰이어도 그 문화를 벗어날 수는 없는 모양이다.

자연미와 인공미

중국과 일본을 여행하다 보면 말은 잘 안 통해도 한자 덕분에 대충 감을 잡을 수 있다. 그래서 다른 나라보다 훨씬 편안한 느낌이 든다. 거기다가 사람들의 겉모습도 우리와 별로 다르지 않아 크게 낯설지 않다. 그런데 이와는 달리 문화는 차이가 크다는 것을 알게 된다. 의식주 문화가 모두 많이 다르다. 그래서 흥미롭고 재미있다.

한국과 중국, 일본은 같은 한자 문화권에다 오랜 세월 불교와 유교라는 같은 문화를 공유해 왔는데도 왜 문화 차이는 생각보다 클까?

문화가 다르게 발전한 핵심적인 이유에 대해서는 다음과 같이 분석하기도 한다. 중국은 황제 중심의 '황제' 문화로 발전했으며, 일본은 무사로 상징되는 '칼'의 문화이고, 한국은 선비로 상징되는 '붓'의 문화라고 설명한다.

그래서 중국은 황제의 힘이 과시와 과장으로 치달아 엄청난 규모의 만리장성이나 자금성을 만들어 내고, 일본의 경우는 무사의 칼로 상징되는 비정함이 정형적인 모습의 좌우대칭과 상하비례를 추구해 깔끔한 비례미를 만들었다고 한다. 한국은 선비로 상징되는 붓이 가진 특성으로 인간적이고 자연스러움을 만들어 냈다는 것이다.

한국 자연미와 일본 인공미

이런 한·중·일의 문화 정체성으로 인해 중국과 일본은 인공미를 중요하게 여기고, 한국은 자연미를 추구했다. 같은 인공미라도 중국과 일본의 표현 방법이 다르다. 중국은 과장과 확대가, 일본은 정형화와 규격화가 특징이다. 일본의 인공미는 특히 비례와 대칭을 중요시하며 세밀하고 정제된 아름다움을 보여 준다.

이에 비해 한국인은 인공적인 면을 오히려 가능한 한 거부하면서 자연으로 스며드는 성향을 보여 준다. 그리고 외적인 면보다는 정신적인 면에 중요한 의미를 둔다. 그래서 크기를 떠나 자연성을 받아들여, 소박해 보이면서 질리지 않는 아름다움을 추구한다. 담장을 낮게 해서 자연과 소통하며 경계를 두지 않으

양산 통도사 극락전 주춧돌.

려는 것도 이러한 특성과 연결된다. 이와 함께 창조적인 독창성
과 해학성에 관심이 많고 뛰어나다. 이처럼 한국은 일본과는 반
대로 규격화하는 것을 꺼리고 파격을 즐긴다.

　일본 문화의 두드러진 특징인 인공미의 강조는 정원 문화
에서도 잘 드러난다. 한국의 정원은 수목이나 연못 등이 자연
을 거스르지 않는 범위에서 자연과의 동화나 친화를 도모하는
경향이 강한 반면, 일본의 정원은 거의 모든 부분이 인위적으
로 조작한 인공적 조형물로 이뤄진다. 대표적 예로, 일본의 전
통적 정원 양식을 대표하는 교토 료안지의 가레산스이 정원을
비롯한 많은 석정을 들 수 있다. 이런 석정은 정원의 중심 요소
인 수목이나 물을 완전히 배제한 채, 모래와 돌만으로 자연을
표현한다.

산사 건물의
주춧돌 차이

목재 건축물의 주춧돌이나 기둥에서도 한국의 자연미와 일본의 인공미는 확연하게 드러난다. 한국의 산사 건물에서 흔하게 볼 수 있는 주춧돌인 덤벙주초는 한국의 자연미를 잘 보여 준다. 덤벙주초는 울퉁불퉁한 자연석을 가공하지 않고 그대로 주춧돌로 사용한 것을 말한다.

납작한 돌을 사용하거나 울퉁불퉁한 돌을 평탄하게 다듬어서 나무 기둥을 세우면 일도 쉽고 깔끔할 텐데, 제멋대로 생긴 돌을 그대로 두고 나무 기둥의 하단을 돌 윗면 모양에 맞춰 다듬어 사용하고 있다. 덤벙주초와 나무 기둥이 한 몸이 될 때까지 닿는 면을 다듬는 일을 '그랭이질'이라고 한다.

구례 화엄사 보제루 주춧돌과 기둥.

  기둥의 뿌리가 덤벙주초를 만나면서 자연과 인공이 하나가
된다고 할 수 있을 것이다. 외국 어느 나라에서도 볼 수 없는 우
리만의 건축 문화다.

  대웅전이든, 누각이든, 요사채든 이런 덤벙주초 건물들을
산사의 옛 건물에서 흔하게 만날 수 있다. 자연석을 대충 그대
로 사용하다 보니 주춧돌마다 크기도 모양도 다르다. 높이도 차
이가 난다.

  옛 건물들이 많이 남아 있는 양산 통도사에는 극락전, 영산
전, 용화전, 대광보전, 응진전, 약사전, 개산조당, 세존비각, 삼

한국 산사의 미학

성각, 천왕문 등 대부분 전각이 덤벙주초를 사용하고 있다. 구례 화엄사도 보제루, 대웅전, 원통전, 나한전, 명부전 등 옛 건물은 덤벙주초이고, 각황전은 자연석과 다듬은 돌을 함께 사용하고 있다. 대구 동화사 대웅전, 논산 쌍계사 대웅전, 부안 내소사 대웅보전, 선운사 대웅보전 등 문화재 전각들은 대부분 덤벙주초이다.

덤벙주초에 올리는 기둥도 일정한 굵기로 다듬지 않고 굽은 자연 상태 그대로 사용한 경우가 많다. 그래서 우리나라 산사의 건물들을 보면, 일정한 규격으로 다듬은 주춧돌은 오히려 찾아

보기가 어렵다. 자연의 불규칙성을 일부러 다듬어 규격화하기보다 그대로 활용하며 그 가운데 아름다움을 찾는 미적 감각을 발휘하고 있는 것이다.

일본의 사찰은 우리와는 다르다. 닌나지, 료안지, 도후쿠지, 긴카쿠지, 기요미즈데라, 덴류지 등 교토의 여러 사찰을 둘러보았지만, 우리 같은 덤벙주초는 보이지 않았다. 둥글게 다듬든지, 사각으로 다듬든지 해서 모두 같은 모양 같은 크기로 만든 주춧돌을 사용하고 있다. 너무나 똑같이 세밀하게 다듬어 공장에서 찍어낸 제품같이 보인다. 기둥도 마찬가지로 같은 굵기로 다듬은 것만 사용하고 있다. 중국 사찰도 마찬가지다. 주춧돌이든 기둥이든 일정하게 다듬어 사용하고 있다.

우리 같은 자연스러움이나 파격은 찾아볼 수가 없었다. 일본이나 중국의 이런 전각들을 접하면 우리와는 다른 모습에 잠시 눈길이 갈 뿐이지, 정이 가지 않는다. 마음 깊은 곳에서 감흥이 일어나는 경우는 경험하기 어렵다.

자연미가 한국 산사 미학의 본질

한국의 미美에 대해 우리나라 미학자들은 '자연의 미'라고 이야기한다. 한국의 자연환경에서 생겨난, 자연과 어우러지는 자연스러운 아름다움이 건축이나 미술품, 공예품 등에 녹아 있다는 것이다.

한국의 산수는 다른 나라와 달리 보통 부드럽고 친근하다. 산은 둥글고 물도 사납지 않다. 산줄기는 멀리 남북으로 중첩하지만 골짜기마다 촌락이 있고 사람들이 찾아든다. 조금 더 들어가면 산사가 나온다. 우리나라의 산은 부드럽고 사람을 위압하지 않는다. 화산 지대처럼 땅을 가르고 불을 내뿜지도 않는다.

이런 산에 봄이 오면 진달래가 피고, 가을이면 아름답게 단풍이 들어 사람들을 불러들인다. 여름에는 때때로 먹구름이 하늘을 덮고 우렛소리가 사람을 놀라게 하지만, 보름날이 되면 산 위로 떠오르는 보름달이 천지를 부드럽게 어루만져 준다.

이런 자연 속에 살아가는 사람들이 만들어 내는 아름다움이 한국 미의 세계다. 그 미의 근본은 자연의 미인 것이다. 이런 자연미의 세계관이 지배하는 미학의 세계에서 인공미는 최소화될 수밖에 없다.

한국 산사 역시 이런 한국의 미의식 세계를 담고 있다. 옛 모습을 가장 잘 유지하고 있는 승주 선암사에 가 보면, 특히 편안함과 자연스러운 아름다움을 느낄 수 있다. 선암사의 건축이나 경관은 위압적이거나 화려하지 않다. 대웅전도 크지도 장엄하지도 않다. 큰 사찰인데도 조용한 시골 마을길을 걷는 기분이 들 정도다. 소박하면서도 정겹고 아름답다. 건물이나 석탑, 담장, 불상 등이 친근하고 여유 있는 모습으로 다가온다.

다른 산사도 이와 크게 다르지 않다. 한국 산사의 자연미는 일본이나 중국의 사찰과 비교하면 확연히 드러난다. 정원을 예로 들자면 한국 산사는 담장 안에 따로 인공적으로 정원을 굳이 만들려고 하지 않았다. 주변 자연 그 자체를 정원으로 삼아 누렸던 것이다. 이는 일본 사찰과 매우 다른 점이다. 일본 선찰은 매우 인위적인 선정원을 방장 앞에 따로 적극적으로 조성했다. 건축물도 마찬가지로 매우 인위적이다.

한국 산사의 미는 자연미

각기 다른 문화적 정체성으로 인해 중국과 일본은 인공미를 중요하게 여기고, 한국은 자연미를 추구했다. 같은 인공미라도 중국과 일본의 표현 방법이 다르다. 중국은 과장과 확대를 중시

문경 김용사 부속 암자인 대성암의 금당 건물(누각 부분).
다듬지 않은 주춧돌과 기둥을 그대로 사용했다.

했고, 일본은 정형화와 규격화를 큰 특징으로 꼽는다. 일본의
인공미는 특히 비례와 대칭을 중요시하며 정제된 아름다움을
보인다.

　이에 비해 한국인은 인공적인 면을 오히려 가능한 거부하면
서 자연 친화적인 성향을 보이며, 외형보다는 정신적인 면에 의
미를 둔다. 크기가 크든 작든 자연을 받아들여 소박해 보이면서
질리지 않는 아름다움을 좇는다. 사찰의 낮은 담장은 자연과 소
통하며 경계를 두지 않으려는 이러한 특성과 연결된다. 더불어
창조적인 독창성과 해학성에 관심이 많고 파격을 즐긴다.

　중국과 비교하면 중국인들이 전반적으로 크고 웅장하고 화

려한 아름다움을 좋아하는 반면, 한국 사람들은 작고 섬세하며 담백한 아름다움을 추구한다.

한국 불교는 크게 볼 때 중국 불교의 발전을 대체로 답습하고 있다. 초기에는 교종 중심으로 발달하다가 후대에 선종 중심으로 발전했다. 그러나 중국 불교가 종파 불교의 성격이 강한 반면, 한국 불교는 이미 통일신라 시대부터 여러 종파를 융합하려는 통합 불교적인 성향이 강했다. 고려를 거치면서 그것은 더욱 체계화되었다. 현재 한국 불교는 선종을 중심으로 통합된 불교라고 할 수 있다. 한국 불교의 핵심은 선종에 있고, 오래전부터 화두선 수행 전통이 중국은 물론 세계 어느 국가 불교보다 철저하게 유지되어 왔다. 이런 전통도 한국 산사의 미를 만들어내는 데 영향을 미쳤을 것이다.

중국 사찰을 둘러보면 우리 산사처럼 맑고 한적하면서도 그윽한 맛을 느끼기 어렵다. 요란스럽고 음습한 느낌을 주는 경우가 많다. 건물들도 규모가 너무 크고 구성이 답답해서 친근함이나 편안함을 느낄 수 없다. 일본의 사찰 건물들도 우리 산사와 비교하면 대체로 매우 크다. 깔끔하고 잘 정돈되어 있지만 너무 다듬어져 있어 자연스러움과 친근미가 느껴지지 않는다.

한국 산사는 모든 것이 자연스러운 맛과 멋이 있다. 건물이나 탑, 불상이 섬세하면서도 소박하고, 장엄하면서도 담백한 맛을 잘 살리고 있다. 특히 주변의 자연과 절묘한 조화를 이루고 있기 때문에 매우 편안하면서도 그윽한 맛을 낸다. 또한 그 가운데 해학과 파격이 깃들어 있다. 원래 모양 그대로를 살린 주춧돌이나 기둥, 건물 곳곳에 만들어 놓은 천진하고 해학적인 조각들이 이를 잘 보여 준다.

근래 들어 팽배해진 물질주의와 편리주의 영향 때문인지 어울리지 않는 대규모 성보박물관이나 산문, 부도탑들이 산사에 과시하듯 들어서면서 산사의 아름다움을 해쳐 온 것은 매우 아쉬운 일이다. 앞으로는 우리나라 산사만의 아름다움을 항상 고민하며 건축하면 좋겠다.

편액 글씨는 같아도

국내외 사찰을 답사하면서 발견한 흥미로운 사례가 있어, 알고 여행하면 더 좋을 것 같아서 소개도 할 겸 덧붙이면서 마무리하고자 한다.

일본 교토 도후쿠지를 찾았을 때 방장 건물에 걸린 '방장方丈' 현판이 눈길을 끌었다. 어디서 본 듯한 글씨였다. 도후쿠지의 이 현판은 중국 남송 시대 명필 장즉지1186~1266의 글씨라고 한다. 동복사 개산조인 성일국사가 중국에서 공부할 때의 자신의 은사스님으로부터 선물로 받은 글씨라는 것*이다. 다음 날 교토의 료안지에 갔을 때 방장 건물에 걸린 현판이 이와 같은

---

* 유홍준의 《나의 문화유산답사기 일본편 3 교토의 역사》 참조.

중국 스좌장 백림선사(위)와 일본 교토 도후쿠지 방장 건물에 걸린,
같은 글씨 '방장' 현판(아래).

글씨임을 알 수 있었다. 장즉지는 미불米芾, 저수량褚遂良 등에게
서 글씨 영향을 받았으나, 독창적인 필법이 두드러질 뿐만 아니
라 큰 글씨에 특히 뛰어났다. 편액 글씨를 누구보다 잘 썼다고
한다.

나중에 중국 여행 사진을 찾아보니, 스좌장의 백림선사栢林
禪寺 방장 건물에 걸린 현판 '방장' 글씨도 같은 글씨임을 확인할
수 있었다. 백림선사는 한나라 때 창건된 고찰이고, 조주선사
778~897가 주석하면서 만들어 낸 '끽다거喫茶去' 화두로 유명한 사
찰이기도 하다. 백림선사와 도후쿠지의 '방장' 현판 중 어느 것
이 먼저인지, 같은 글씨 편액이 여러 곳에 걸린 연유는 무엇인
지 모르겠다.

참 흥미롭다는 생각이 들었다. 우리나라 산사도 같은 사례
가 있다. 같은 글씨의 '대웅전' 편액이 두 군데 이상 걸린 사례들
이 있다. 대표적 예가 팔공산 송림사와 토함산 불국사의 '대웅
전' 편액이 같은 글씨다.

이처럼 편액 글씨는 좋다고 생각되면 그대로 베껴 와서 현
판을 만들어 걸면 똑같은 것이 걸릴 수 있다. 그래서 나라가 달
라도 같은 글씨 편액이 걸릴 수 있지만, 사찰의 아름다움은 나
라마다 각기 다른 멋과 맛을 보여 준다. 똑같으면 재미가 없을
것이다.

절집의 미학

초판 1쇄	발행 2021년 5월 24일
초판 3쇄	발행 2022년 2월 11일

지은이	김봉규

펴낸이	오세룡
편집	전태영 유지민 안중희 손미숙 박성화
기획	최은영 곽은영 김희재 잔달래
디자인	이창욱
	고혜정 김효선
홍보·마케팅	이주하

펴낸곳	담앤북스
출판등록	제300-2011-115호
주소	서울특별시 종로구 새문안로3길 23 경희궁의 아침 4단지 805호
대표전화	02)765-1250(편집부) 02)765-1251(영업부) **전송** 02)764-1251
전자우편	damnbooks@hanmail.net

ISBN 979-11-6201-293-2(03910)

정가 17,500원